T0245867

ÁNGELES
MIS VECINOS DE ARRIBA

ÁNGELES

MIS VECINOS
DE ARRIBA

ISABEL ÁVILA

Sociedad actual • Editorial Arcopress
Directora editorial: Emma Nogueiro
Diseño, maquetación y documentación gráfica: Fernando de Miguel

Imprime: Gráficas La Paz
ISBN: 978-84-17828-43-1
Depósito Legal: CO-312-2020
Hecho e impreso en España - *Made and printed in Spain*

Índice

INTRODUCCIÓN 11
En los comienzos 13

PRIMERA PARTE. DESCONCIERTO 23
Aquellos primeros pasos 25

SEGUNDA PARTE. ACEPTACIÓN 45
Acercando posturas 47
Trabajando en equipo 53
Acortando distancias 67
Un paso más allá 71
Hay que contarlo 73

TERCERA PARTE. REALIZACIÓN 79
Humildad 81
Vuelta a casa 90
Revelación 94
Retos 98

APUNTE FINAL 107

Introducción

En los comienzos

Soy consciente de que en aquella época —estamos hablando de 1993— había mucha gente a mi alrededor que me envidiaba, aunque nunca se atrevieran a confesarlo. Me envidiaban porque, a todas luces, yo tenía lo que se podría calificar como una vida rayando casi en la perfección.

— Una salud extraordinaria, claro que también me cuidaba mucho con respecto a la alimentación y al ejercicio físico, y empezaba a descubrir la disciplina del yoga y lo importante que sería para mí más adelante.

— Una familia armoniosa en la que todos nos llevábamos bien. Y no solo en apariencia. Nuestra relación era sencillamente buena.

— Una mascota maravillosa e inolvidable que me hacía disfrutar, entre otras muchas cosas, de largos paseos al aire libre y de amenas tertulias perrunas con otros propietarios de criaturas de cuatro patas.

— Unos amigos que siempre estaban ahí, tanto en las duras como en las maduras, emitiendo sabios consejos en los momentos apropiados y en los que yo estaba dispuesta a escuchar, y aceptando mis aciertos y mis errores con una gran filosofía.

— Recursos económicos. No para grandes lujos pero sí para permitirme más de un capricho con una frecuencia razonable.

—Y por último, pero no por ello menos importante, un trabajo que me encantaba y al que dedicaba casi todas las horas del mundo. Un trabajo en el que me sentía muy respetada y valorada, cosa nada fácil de conseguir por una mujer en aquellos tiempos en los que todavía había que pagar un alto tributo al machismo empresarial.

Pues bien. A pesar de todo esto, yo no era feliz. Para ser sincera, me sentía infeliz. Bastante infeliz. Y lo peor de todo era no saber el, o los motivos, por lo que me encontraba en ese estado.

—Llevaba semanas sin apenas reconocerme.

—Tenía reacciones extrañas e incomprensibles a los ojos de todo el mundo, empezando por mí misma.

—A veces incluso llegué a pensar que padecía algún trastorno de tipo psicológico, o lo que es peor, de tipo psiquiátrico.

—No me atrevía a compartirlo con nadie.

A medida que pasaban los días, lo que más me iba inquietando era no saber qué hacer, qué camino tomar, hacia dónde dirigirme.

Después de un período de tiempo de auténtico desconcierto, tomé la decisión, por primera vez en mi vida, de acudir a un psicólogo. Un psicólogo al que, según me habían comentado, le precedía una carrera culminada de éxitos profesionales.

¿Qué cómo llegué hasta él?

Sencillo. Una compañera de trabajo a la que me unía cierto grado de amistad, tenía una hermana que colaboraba con él, durante los fines de semana y de manera altruista, en talleres de autoayuda para personas marginadas. Siempre he pensado, y cada día que pasa más, que algunas personas no aparecen en nuestra vida por casualidad. Siempre hay un motivo, aunque a veces nos lleve tiempo descubrir cuál es ese motivo.

Pero volvamos al psicólogo. Temblaba cuando pulsé el timbre de la puerta de la consulta. Temblaba de miedo y de respeto hacia lo desconocido. Y, ¿por qué no decirlo?, temblaba hacia el posible diagnóstico que me ofreciera.

Todos mis temores desaparecieron en cuanto accedí a su despacho y me senté frente a él.

A día de hoy no me sería posible reconocerle si coincidiéramos en algún sitio. Tampoco su manera de comunicarse conmigo ni su forma de conseguir lo más importante de aquella consulta, que no era otra cosa sino hacer que fuera yo la que se comunicara con él. A su favor tengo que decir que resultó ser lo más sencillo del mundo.

En lo que a mí me pareció un breve espacio de tiempo, yo, hermética donde las haya para con mis emociones y sentimientos, le fui poniendo al día acerca de todo lo que estaba viviendo, sin dejarme ni una coma.

El gran profesional que era me dejó hablar, volcar todo lo que llevaba dentro, incluso llorar en determinados momentos, sin hacer preguntas y sin interrumpirme.

Una vez hube finalizado con mi monólogo, él tomó la palabra. Poco a poco fue tranquilizándome y haciéndome ver que la situación por la que estaba atravesando carecía de gravedad y era bastante común entre todos los mortales.

Intercambiamos impresiones durante todo el tiempo que consideramos necesario. Sin ninguna prisa. Y eso sí que se lo agradecí.

Fue después de todo esto cuando me facilitó su apunte final. Jamás he olvidado, ni olvidaré, sus palabras.

Yo no puedo ayudarte. Sería absurdo someterte a un tratamiento psicológico ya que tienes las ideas perfectamente claras. Solo tienes que ponerlas en práctica. Y eso solo lo puedes hacer tú.

No voy a decir cómo salí de la consulta. Absolutamente desconcertada. ¿Me había servido para algo? Tiempo después descubrí que SÍ me había servido para algo. Pero ese algo no lo voy a contar ahora ya que, a mi modo de ver, carece de importancia.

Por aquel entonces, y de manera esporádica, acudía a la consulta de una tarotista con la que había establecido un vínculo bastante amigable. Además de interpretar lo que las cartas del tarot me tenían reservado, siempre sacábamos tiempo para tomarnos un café o una infusión y charlar distendidamente acerca de todo lo divino y lo humano.

Después de mi experiencia con el psicólogo, y más bien a la desesperada, concerté una cita con ella. A pesar de su buen hacer, aquella lectura de tarot no consiguió sacarme las dudas e incertidumbres que llevaba conmigo en la mochila. Por mucho que ella y las cartas lo intentaran.

Fue durante nuestro tiempo lúdico de café e infusión cuando me comentó que estaba preparando un curso sobre ángeles y que pensaba que podría resultarme interesante y útil, o a la inversa, útil e interesante.

En aquel preciso momento me hubiera gustado tener un espejo enfrente para ver mi expresión.

¿ÁNGELES?

Desde que aquellas maravillosas monjitas de mi colegio no se portaron nada bien conmigo en los años de mi infancia, amén de por otras cuestiones que no vienen a cuento, había apartado la religión de mi vida. Y los ángeles siempre han estado ligados a la religión, ¿o quizás no?

¿Ángeles?, me repetí mentalmente.

Y, en ese mismo instante, y de manera frenética, comencé a visualizar algunas de las iglesias donde recordaba haberlos visto. Todas esas imágenes aladas de grandísimas dimensiones que inundaban lugares de culto, textos litúrgicos y pinturas de todas las épocas y estilos, siempre asociados a la Divinidad y a temas religiosos.

¿Cómo iba yo a prestarme a una experiencia de este tipo, por mucho que la profesora me pareciera estupenda y me lo vendiera como la cosa más atractiva del mundo?

Ignoro cómo lo hizo pero sus dotes de persuasión fueron tales que aquella tarde salí de su casa con el firme propósito de acudir en dos semanas a mi primera clase del curso de ángeles.

Y ahí empezó todo...

Y llegó el día del comienzo del curso de ángeles. Las dos semanas de espera habían transcurrido sin que apenas me diera cuenta y, a decir verdad, tampoco es que hubiera vuelto a pensar en ello con detenimiento.

Lo que sí recordaba es que Lucía, mi amiga tarotista, me había recomendado llevar conmigo, aparte del interés propio hacia el curso, una grabadora, con el fin de poder acceder con posterioridad a toda la información recogida en las clases y analizarla en cualquier momento. En aquellos años la grabadora era el soporte técnico que todos utilizábamos. El aparato que yo tenía contaba ya con una cierta edad y mucho trabajo realizado hasta esa fecha, así que decidí que era el momento apropiado para adquirir uno nuevo. Y con esa grabadora nueva, último modelo en el mercado, me presenté en casa de Lucía con más curiosidad que otra cosa.

Allí me encontré con otras cuatro señoras, o señoritas, que venían a lo mismo que yo. Todas estaban interesadas en profundizar y conocer más cosas acerca de los ángeles. Si las hubiera visto fuera de ese ambiente no lo hubiera dicho jamás. Más bien me parecían ejecutivas, en cierta medida, «agresivas». Pero el trato con ellas resultó de lo más cordial desde el primer momento. Aunque a simple vista no nos parecíamos en nada, sí que teníamos un gran proyecto en común.

Dos de mis compañeras no llevaban grabadora a las clases. Ignoro el motivo pero tampoco es algo que me preocupe ni me preocupó en su día. Yo, en mi afán de ayudar siempre a mis semejantes en la medida de mis posibilidades, le comenté a una de ellas que si me traía una cinta virgen —así se denominaban las cintas sin grabar— cada día de clase, a la semana siguiente se la devolvería grabada de casa. Por supuesto, aceptó de inmediato.

Todo ocurrió en el transcurso de la tercera clase, cuando yo todavía no sabía muy bien qué hacía rodeada de todas esas «locas» y para nada convencida de que todo aquello me fuera a servir para algo. Mi escepticismo era superlativo. Pero no lo dejaba entrever. Me mantenía a la expectativa. Aunque a veces pensara que era mejor dejarlo, por alguna razón no lo ponía en práctica.

A lo largo de los primeros quince minutos de clase pude apreciar que mi grabadora, a pesar de ser nueva, estaba dando algún que otro problema. Su velocidad de grabación era infinitamente más lenta de lo habitual. Cuando llegó el momento del retorno automático para grabar por el otro lado de la cinta, el mecanismo no obedeció y se quedó parada. Pensé que podría tratarse de las pilas aunque las había puesto nuevas recientemente. Todo esto hizo que, de alguna manera, la clase se interrumpiera. Lucía me facilitó pilas nuevas y yo aproveché para insertar otra cinta virgen. Con los cambios introducidos empezamos a ver la luz. Todo parecía funcionar a la perfección. La clase continuó sin ningún contratiempo más. Eso sí, al día siguiente por descontado que iría a la tienda donde había comprado aquel aparato infernal para exponer el caso e intentar que me lo cambiaran.

Olvidado este episodio y ya en casa, decidí escuchar tranquilamente la segunda cinta con la que no había tenido ningún problema de grabación en clase. Quería estar segura de que todo estaba en orden antes de proceder con la copia para Pilar.

Manos a la obra.

No daba crédito. Aquello no podía estar pasando.

No se entendía prácticamente nada de lo que se había grabado en clase. Por momentos la voz de Lucía se iba distorsionando, produciendo unos sonidos irreconocibles, tanto a la velocidad del rayo como a la velocidad de una tortuga con artrosis. Yo estaba desconcertada. Si en aquellos momentos hubiera tenido al responsable de la tienda donde adquirí la grabadora delante de mí no sé de lo que hubiera sido capaz. Para mí el único responsable de todo ese caos era el pésimo, o más bien nulo, funcionamiento del maldito aparato.

Cuando conseguí rebajar mi ira ariana —algunos seguro que sabéis cómo somos las mujeres Aries en este sentido— y reflexionar con un poco más de claridad mental, llegué a la conclusión de que había una solución para este problema. Tan fácil como pedirle a Ángeles —otra compañera del curso— que me prestara su cinta y de esa manera grabar la de Pilar y la mía. Bueno, después de todo, el tema se podía solucionar. Una sonrisa empezó a aflorar en mi rostro.

La mayoría de los acontecimientos que nosotros, los humanos, consideramos como problemas, SIEMPRE tienen solución. Y otra cosa. SIEMPRE pasan por algo, aunque en ese momento no lo podamos comprender, apreciar y/o valorar.

Dejo de divagar y vuelvo al tema que nos ocupa, que no es otro que el de la grabadora. Resulta muy difícil de comunicar y de explicar lo que sentí ante el comentario de Ángeles en la siguiente clase cuando le conté lo ocurrido y le pedí que me prestara su cinta. Solo había que mirar su cara para darse cuenta de que algo no iba del todo bien. Lo que menos me podía imaginar es que su grabación había sufrido los mismos avatares que la mía. Era imposible entender nada. Los mismos sonidos, las mismas secuencias, las mismas características.

Todo esto desencadenó en un desconcierto tal entre todas nosotras que solo Lucía fue capaz de sacar a flote. No sé mis compañeras pero yo sentí un miedo atroz. Soy, y he sido desde mi nacimiento mucho antes de la fecha prevista, miedosa como la que más y lo que estaba ocurriendo superaba, con creces, cualquier situación vivida por mí hasta entonces. Estado de *shock*. Parálisis funcional. Miedo extremo. No sé bien como calificarlo.

Con gran rapidez, habilidad y, por qué no decirlo, profesionalidad, Lucía se hizo con el timón y comenzó a tranquilizarnos y darnos algunas explicaciones para que aquello no fuera a más. Y funcionó. Como tenía que ser.

Una vez que la tranquilidad se hubo instalado de nuevo en aquella habitación, Lucía nos hizo ver que, a los ángeles, les gusta «jugar» con nosotros de la manera que consideran más eficaz y divertida; que les encanta dar muestras de que están alrededor aunque nosotros no percibamos esa cercanía; que, en muchas ocasiones, no quieren que determinada información vaya más allá de las personas a las que realmente debe de llegar. Que todo lo ocurrido debíamos considerarlo como un aviso angélico. ¿Que si los ánimos quedaron más relajados después de sus explicaciones? Sí, al menos eso es lo que me pareció a mí.

Yo, por mi parte, tengo que decir que, a pesar de mis miedos y mis trastornos de sueño, aquella noche dormí tan profunda y plácidamente como no lo había hecho en meses. En otras circunstancias, y ante un episodio de este tipo o similar, no habría podido pegar ojo en toda la noche.

También sé, y cada día que pasa más, que *Ellos*, mis *vecinos de arriba*, quisieron darme un aviso para hacerme ver que andan por ahí, a nuestro alrededor, y que debía darle al curso la verdadera importancia que tenía en aquellos momentos para mí, y no acudir solo por curiosidad. De hecho, ese curso fue el inicio de la maravillosa relación que he mantenido, y sigo manteniendo con *Ellos*. Y soy consciente de lo importante que fue la oportunidad que Lucía me brindó al servir de intermediaria en este proceso.

Primera parte.

Desconcierto

AQUELLOS PRIMEROS PASOS

En los dos años siguientes al inicio del curso de ángeles, me sucedieron una serie de acontecimientos que me hicieron pensar, en muchos más momentos de los que a mí me hubiera gustado, que me estaba volviendo loca.

Lo que no recuerdo con exactitud es la cronología exacta de estos acontecimientos. Pero eso no importa. Lo que sí importa es el contenido de los mismos.

Y trataré de reflejarlos de la mejor manera posible en las páginas siguientes.

ACTOS REFLEJOS INCONSCIENTES

Cuando todavía acudía a las clases del curso de ángeles, viví dos experiencias que, en aquellos momentos, me produjeron un gran desconcierto.

Cogía el metro por las mañanas para desplazarme de casa al trabajo. Tenía por delante un recorrido aproximado de cincuenta minutos, por lo que si conseguía hacerme con un asiento libre y sentarme, me sentía la mujer más feliz del mundo. Desde mi asiento podía fijarme en las caras y expresiones de otras personas que llenaban el vagón sin que ellos lo percibieran, y eso es algo que siempre me ha gustado hacer. Al fijarme en sus rostros, me imaginaba cómo eran sus vidas. De esa forma el trayecto se hacía mucho más corto y placentero.

Una mañana, cuando me encontraba enfrascada en el rostro de una señora rubia de mediana edad sentada frente a mí, descubrí que, de manera totalmente inconsciente, en mi mente se iba repitiendo, una y otra vez, aquella especie de oración que nuestros padres y nuestros abuelos nos obligaban a aprender y recitar cada noche antes de irnos a la cama o ya recién acostados.

Ángel de la Guarda, dulce compañía,
no me desampares, ni de noche ni de día.

En mi mente esa frase se repetía de continuo. Intentaba pensar en otra cosa, conectar de nuevo con el rostro de la señora rubia cuando menos, pero me resultaba imposible.

Aquello duró hasta que puse el pie en el edificio donde se ubicaba mi empresa. Había bajado toda la calle Raimundo Fernández Villaverde observando, sin poder hacer nada, cómo en mi mente se repetía una y otra vez la misma frase y con la misma entonación.

A lo largo de todo el día, y ya metida de lleno en mi actividad laboral —que era frenética— la dichosa frase volvía a aparecer una y otra vez sin que yo pudiera hacer nada por evitarlo.

Huelga decir cuál era mi estado de ánimo. Temblaba por dentro. Mis nervios a flor de piel. Hacía mil y un esfuerzo para que mis compañeros no se dieran cuenta de nada. No podía comentarlo con ellos. Si lo hacía, estaba segura de que se quedarían plantados, mirándome con perplejidad, los ojos abiertos como platos, sin articular sonido alguno, pensando que había perdido el juicio. Y sin atreverse a decírmelo. Huyendo de mi presencia como alma que lleva el diablo. Y yo hubiera reaccionado de la misma manera si todo hubiese sido a la inversa.

Y así fue pasando el día hasta que ya instalada en casa y a punto de meterme en la cama, me preguntaba si esta locura terminaría ahí o sentiría lo mismo a la mañana siguiente cuando abriera los ojos. Me notaba extremadamente inquieta y atemorizada. ¿Sería capaz de conciliar el sueño? Pues bien, no solo dormí profundamente toda la noche sino que a la mañana siguiente la locura se había ido igual que había venido. Y esta experiencia nunca más volvió a repetirse. De haberse producido, hubiera temido, y mucho, por el estado de mi salud mental.

Tiempo más tarde, no sabría precisar cuantas semanas habían transcurrido, me ocurrió algo similar. Pero entonces la frase que ocupaba mi mente, y que yo tarareaba sin cesar, no era otra que el estribillo de una pegadiza canción interpretada por un grupo sueco muy de moda que decía aquello de:

I believe in angels (Creo en ángeles).

De hecho, era y es la única frase que conozco de toda la canción. Nunca me preocupé por conocer el resto.

Al igual que en la locura anterior, a la mañana siguiente la canción se había ido igual que había venido. Y yo había dormido como una bendita.

No volví a tener experiencias de este tipo. No fue necesario. Hoy estoy convencida de que todo esto se trató de lo que podríamos denominar como «ejercicios para principiantes». Y también sé que fueron un par de avisos para que mi canal de comunicación con *Ellos* se fuera abriendo poco a poco.

Azul

En 1994, que es cuando viví esta experiencia, estaba instalada en la casa familiar. Una casa grande y acogedora donde cada uno contaba con el privilegio de disponer de dormitorio propio.

En junio de ese mismo año, la única hermana que tengo contrajo matrimonio y se instaló definitivamente en el que ya sería su hogar, con lo que uno de los dormitorios de la casa familiar se quedó sin ocupante.

A los dos o tres meses de la boda de mi hermana, empecé a plantearme la posibilidad de cambiarme a ese dormitorio que seguía desocupado. Era más amplio y aprovechable que el mío. O eso me parecía a mí.

Previa consulta y aprobación por parte de la matriarca del clan, cerré el tema y fui adelante con el proyecto.

Si he de destacar algún inconveniente sobre este cambio de ubicación es que el que se iba a convertir en mi nuevo dormitorio estaba orientado de tal manera que la temperatura ambiente era mucho más baja que en el que ocupaba con anterioridad. Cuestión de añadir alguna manta más.

Cuando llegaron las navidades e hicimos el intercambio familiar de regalos, mi hermana me sorprendió muy gratamente, debo decir, con un maravilloso edredón de pluma para mi nueva cama. ¿Alguna vez os habéis preguntado si existen las casualidades?

Ese regalo fue el causante, de manera indirecta, de que tomara la decisión de quedarme sin viaje en las vacaciones de invierno e invirtiera el importe de dicho viaje en cambiar la decoración de todo el dormitorio.

Junto con mi madre —mucho más experimentada que yo en esas lides—empezamos nuestra peregrinación por distintos establecimientos acordes a los cambios que yo quería introducir. No recuerdo haber visto nunca tantas telas para cortinas, colchas, cojines…. poco faltó para que me convirtiera en una experta en decoración de interiores.

Pero no. Por mucho que buscásemos no terminaba de encontrar algo con lo que sentirme satisfecha del todo.

Así que, un buen día, mirándonos a los ojos y armándonos de valor, tomamos la decisión que habíamos estado posponiendo hasta entonces dado que no era nuestra opción favorita.

Esa misma tarde nos fuimos a unos grandes almacenes por aquello de que «allí tienen de todo y seguro que lo encontramos».

Entramos en esos grandes almacenes y sin entretenernos en nada más, nos dirigimos a la sección de hogar-textil, dando por sentado, ambas, que sería la parada final de nuestro largo viaje por la ruta de la decoración.

Nada más acceder a dicha sección lo vi. Ahí estaba.

En uno de los laterales del espacio ocupado por la sección en cuestión, casi escondido, tenían expuesto un dormitorio prácticamente igual a lo que yo andaba buscando: colcha, cojines, cortinas, amén de accesorios como cuadros, percheros y un sinfín de artilugios a los que no daré ningún nombre. Difícil de creer. En unos instantes pasé a sentirme la persona más afortunada del mundo. Mi sueño empezaba a hacerse realidad. El momento de respirar con tranquilidad estaba ya muy próximo.

No fue hasta después de hacer el pedido definitivo de todo lo que consideraba necesario cuando empecé a darme cuenta de que un porcentaje muy elevado de los elementos decorativos adquiridos estaban dentro de una amplia gama de azules, entre los que predominaba el celeste.

Nunca antes me había llamado la atención el color azul. Y mucho menos en decoración. El cambio de dormitorio tuvo mucho que ver con mi descubrimiento del color azul. Lo he visto, y lo veo, en cosas y lugares insospechados. Incluso me he probado y llevo ropa de ese color. Me fijo en las personas que lo llevan. Compro cosas azules sin darme cuenta.

El tiempo que pasé en aquel dormitorio, todo decorado en azul y blanco, resultó ser muy placentero, con momentos de gran serenidad y calma. Me gustaba refugiarme allí. Y también a mi mascota. ¿Por qué hago esta mención? Las personas que tienen, o han tenido, la inmensa suerte de compartir parte de su vida con una mascota, sabrán muy bien a qué me refiero con este breve apunte.

Tiempo más tarde entendí que todo esto se trató de un nuevo aviso angélico aunque yo, por supuesto, cuando todo pasó, aún no estaba preparada para percibirlo así.

El color azul, especialmente el celeste, ha estado siempre asociado a los ángeles.

Otras personas

Rosa era una compañera de trabajo. Desde el mismo momento en que intercambiamos nuestro primer saludo me pareció lo suficientemente fría y prepotente como para no cruzar con ella más de las dos palabras imprescindibles que dictan la cortesía y la buena educación. Si cruzábamos más de esas dos palabras era única y exclusivamente porque nos veíamos obligadas a ello por temas de trabajo.Noemí formaba parte del equipo de Rosa en el mismo departamento. A ella sí que me unía un alto grado de amistad —o eso pensaba yo— y estaba al corriente de parte de mis actividades angélicas. Sabía acerca de mi asistencia al curso de ángeles.

Recién terminado el curso —y hago un paréntesis para comentar que me sentía apenada por ello— Rosa me abordó, de manera inesperada, en uno de los pasillos de esa oficina en la que pasábamos todas las horas del mundo y, sin saber cómo, empezamos a hablar de ángeles. Ignoro cuál de las dos sacó el tema. Yo diría que fue ella.

A pesar del tiempo transcurrido desde aquel famoso día, aún sigo teniendo dudas acerca de si fue Noemí la que se había ido de la lengua haciéndole partícipe de mis inquietudes a Rosa o si fueron nuestros propios ángeles los que decidieron ponernos en contacto. Nunca le di demasiada importancia a este punto. Que cada cual juzgue lo que considere más oportuno. Lo que sí es cierto es que, de un modo u otro, Rosa jugó un papel importantísimo en mi trayectoria angélica. Eso no se lo podemos negar.

A partir de esa tarde de abordaje en el pasillo, nuestra relación se hizo cada día más y más fluida y aunque con el tiempo perdí el contacto con ella, estoy convencida de que si nos encontráramos de nuevo todo sería igual. Como si no hubieran pasado los años. Como si nuestra última conversación hubiera tenido lugar ayer o esta misma mañana.

Rosa me llevaba tiempo y un buen número de experiencias de ventaja. Ella ya había conseguido contactar y visualizar a su ángel y sentía con asiduidad su protección, su ayuda, su compañía. Su proceso había comenzado mucho antes que el mío. Para ella todo esto se trataba de algo natural.

Ella me ayudó con infinita paciencia y buen hacer, poco a poco, paso a paso, día a día, a través de sus palabras y sus actos, a ir perdiendo ese nerviosismo y ese miedo atroz que me invadían, y que no había conseguido superar, cada vez que experimentaba una nueva experiencia con mis *vecinos de arriba*.

Mi nueva amiga, asesora y compañera de fatigas, me regaló el primero de una larguísima colección de libros que he leído, analizado y estudiado a lo largo de todos estos años. Un libro que todavía consulto de vez en cuando. De ella también recibí mi primer angelito de arcilla y mi primera medalla con el rostro de un querubín.

Yo creo que ni Rosa ni yo —sobre todo yo— fuimos, entonces, conscientes de la importancia de nuestro «encuentro angélico» en aquel pasillo. Jamás me he olvidado de ella ya que representó mucho para mí y para mi evolución y futuro acercamiento hacia mi propio ángel. Confío que el suyo continúe a su lado y entre los dos sigan ayudando a muchas otras personas.

A mediados de los años 90 se produjo un «boom» angélico en todo el mundo. Y España no podía quedarse atrás. Cada vez más personas dejaban ver adornos alados en su indumentaria y los escaparates de grandes y pequeños comercios se llenaban de estos seres impersonales en forma de elementos decorativos, bisutería, joyería, juegos, libros. Por todo ello no resultaba difícil descubrir signos de índole angélica en cualquier lugar.

Para mí seguía siendo muy complicado profundizar en este tema con otras personas por lo que, para ir avanzando en mi proceso, trataba de hallar señales externas que me ofrecieran alguna pista al respecto.

Y a continuación expongo algunas de las experiencias vividas.

¡Para acceder al edificio en el cual se ubicaba mi empresa, desde la salida del metro hacía un recorrido por el interior de unos grandes almacenes ya que, una vez conocido el camino, resultaba mucho más rápido que ir andando por la calle. Ese recorrido incluía atravesar la sección de cosmética y perfumería.

Una tarde, en mitad de la sección de perfumería, y en un lugar bastante visible y estratégico, habían instalado un *stand* terriblemente atractivo desde el que una dependienta del centro comercial ofrecía, de manera muy profesional, probar una nueva colonia. Desde luego ni ella ni el *stand* pasaban desapercibidos y era difícil continuar la marcha sin echar un vistazo a ese nuevo producto.

Para nada me fijé en el frasco de la nueva colonia, ni en el *stand*, ni en la gente de alrededor que observaba con curiosidad, ni en la cara de la dependienta. Al acercarme solo tuve ojos para descubrir una gargantilla que esta dependienta llevaba puesta y de la que colgaba la figura de un precioso ángel.

No sé si llegué a oler la colonia —eso había perdido todo el interés para mí—. Lo que sí hice fue acercarme a la dependienta y preguntarle abiertamente si le gustaban los ángeles. Necesitaba imperiosamente averiguar si se trataba de otro «miembro del club».

Definitivamente no. Lo llevaba «porque estaban de moda» y alguien le había comentado que «traían suerte». No haré más comentarios al respecto.

Esta fue, sin duda, mi primera decepción ya que, como es lógico, lo que a mí me hubiera gustado es que esta señora me dijera que sí, que le encantaban los ángeles, y haber establecido con ella una comunicación que nos aportara datos nuevos a las dos. Ay, Antoñita la Fantástica andaba por ahí dando vueltas entre perfumes y cosméticos.

La decepción no me duró mucho tiempo. Tenía otras cosas en las que pensar. Pero lo que sí aprendí de esta experiencia es que los signos externos no necesariamente tienen un significado real.

Volviendo hacia atrás y con respecto a la colonia que presentaban, tenía un impactante y delicioso aroma a jazmín. Sí que la olí al final. Por aquellos días yo siempre utilizaba colonias muy frescas, incluso de baño, por lo que no me mostré interesada. Me aparté de allí tan rápido como pude con el fin de rumiar mi desilusión en paz.

Semanas más tarde, hojeando uno de mis libros de ángeles, descubrí un párrafo que me llamó la atención ya que en él se hacía mención a que el jazmín es el aroma preferido de *Ellos*.

Años más tarde, cuando esta historia estaba borrada por completo de mi memoria, empecé a utilizar esa misma colonia. La empecé a utilizar porque en un momento dado, y sin explicación aparente, opté por elegir aromas femeninos y dejarme ya de colonias de baño. Después de testar algunas en una gran perfumería, me decanté por ese delicioso aroma a jazmín. No podía resistirme a su encanto. Continué utilizándola algún tiempo más.

Actualmente, el jabón de tocador que ocupa su sitio en mi cuarto de baño tiene un ligero aroma a jazmín y también la colonia que me pongo cada mañana. En ambos casos la elección la hice sin ser consciente, en ningún momento, de que este aroma se relaciona con los ángeles.

Pasado un tiempo desde la experiencia con la dependienta de los grandes almacenes, recibí una llamada de una comercial de una conocida compañía de seguros médicos. Como siempre en estos casos, ignoro dónde y cómo había conseguido mi número de teléfono. Pero lo cierto es que lo tenía y me había localizado.

Según me explicó al otro lado de la línea, su intención era verme personalmente para explicarme de viva voz las mil y una excelencias de los productos que su empresa comercializaba y hacerme picar el anzuelo contratando una póliza con ellos. ¿Por qué no? me dije, sin apenas reflexionar. De hecho no estaba muy contenta con el seguro que tenía entonces. Así que cerré una cita con ella.

Cuando tuvimos oportunidad de encontrarnos cara a cara, a simple vista me pareció una persona calculadora y distante. Me hacía sentir incómoda en su presencia. Pero me apetecía escuchar acerca de lo que tenía pensado ofrecerme. «No te dejes llevar nunca por una primera impresión cuando conozcas a alguien» me repetía mi madre a menudo. Y las madres son sabias ¿verdad?

Lo que de verdad me sorprendió —y mucho— es que de una cadena que llevaba al cuello colgaba la figura de un ángel de las mismas características que el de la dependienta de los grandes almacenes. Reviví mis sensaciones. Pero, en este caso, me chocaba.

En uno de los escasos momentos distendidos de nuestra conversación y después de que me explicara las excelencias del producto que intentaba colocarme, muy discretamente me atreví a hacer la misma pregunta que semanas atrás, y la respuesta fue la que en esa ocasión sí que me esperaba. «Los ángeles están de moda». Segundo fracaso a mis espaldas. Pero esta vez no me sentí mal. Para nada.

Tomé este episodio como un ejemplo más de que nunca hay que dejarse llevar por las apariencias.

¿Qué si consiguió venderme el seguro médico? La respuesta carece de importancia en este contexto.

Luisa trabajaba desde hacía unos meses en una de las compañías que formaban el grupo de empresas al que yo dedicaba gran parte de mi tiempo.

Nos veíamos poco ya que nuestras actividades profesionales distaban mucho de ser compatibles, pero cuando lo hacíamos, Luisa me resultaba una persona amable, cordial y accesible. No como otros.

Un día, mientras comentábamos un tema de trabajo, me fijé en que llevaba colgado del cuello un ángel prácticamente igual a los de la dependienta de los grandes almacenes y la comercial de la compañía de seguros médicos.

«Vaya, vaya con las modas», fue lo primero que se me vino a la mente. Supongo que las decepciones por las que ya había pasado iban pesando a mis espaldas.

Después de las dos experiencias previas fallidas, me tomé mi tiempo para hacerle a Luisa la pregunta que ya todos imaginaréis. Para mi gran —y no sé si grata— sorpresa, en esa ocasión, la portadora del angelito no me salió por peteneras. Se podría decir más bien aquello de que «escurrió el bulto» y trató de evadirse de la mejor y más rápida manera posible.

Huelga decir que su reacción me dio que pensar y me pareció muy favorable. ¿Por fin tenía el privilegio de haber encontrado a un miembro de nuestro hermético club?

Cuando me invitó a pasar a su despacho, los ojos se me fueron directamente hacia la parte superior de la pantalla de su ordenador donde se hallaba colocada una pequeña pero bellísima figura de un ángel de arcilla. Ese detalle insignificante a ojos de otras personas a mí me dio más aún que pensar.

Sin embargo, ni entonces ni más adelante se estableció un contacto entre nosotras que nos hiciera abrirnos y sacar el tema a relucir. ¿Por qué? Yo tengo mi propia versión. Estoy segura de que *Ellos*, por el motivo que fuera, decidieron que no era el momento apropiado. Además, empezaron a llegar experiencias nuevas a mi vida que me hicieron dejar aparcadas las vividas hasta entonces.

Objetos y adornos

A lo largo de todo mi proceso angélico, además de Rosa que fue la primera en regalarme una bonita medalla con el rostro de un querubín, hubo otras amigas con la misma ocurrencia. Como ya he comentado con anterioridad, durante unos años todo lo relacionado con los ángeles estaba de moda en casi todo el mundo, no solo en España. Así que, sin darme cuenta, en poco tiempo y gracias a los regalos recibidos de mi gente más cercana, me convertí en propietaria de una pequeña colección de medallas y colgantes a cuál más original y bello.

Yo pienso que todas las mujeres lo primero que hacemos cuando nos regalan una joya o una atractiva pieza de bisutería, indiscutiblemente, es ponérnosla. En algunos casos, por aquello de quedar bien con la persona que te la regala y que parezca que te gusta muchísimo. En otros, porque sencillamente te gusta y deseas lucirla. Yo no soy diferente al resto de las señoras que se pasean a nuestro alrededor. Por lo tanto, en cuanto caía en mis manos la medalla o el colgante en cuestión, tardaba segundos en colocármelo.

Con esta pequeña colección de piezas angélicas que iba obrando en mi poder se podría pensar que cambiar de medalla o de colgante era algo relativamente fácil de hacer. Y yo lo intentaba. Con todas mis ganas. Las adaptaba a mi forma de vestir y a mi estado de ánimo.

Sin embargo, había algo que no encajaba.

Fuese cual fuese el accesorio angélico elegido para lucir, a los pocos minutos de llevarlo, comenzaba a sentir un calor insoportable en la zona de mi cuerpo donde ese accesorio descansaba. Era como si el angelito en cuestión llevara incorporado un sistema de calefacción a temperatura muy elevada. Un calor tan agobiante que resultaba muy molesto. Al final, y con todo dolor de mi corazón, siempre terminaba quitándomelo porque, como digo, no era para nada agradable. Tan pronto como guardaba el objeto en mi bolso, en el joyero o en el cajón de la mesa de mi despacho, esa sensación de calor desaparecía de inmediato como por arte de magia.

La moda por los ángeles se fue igual que llegó. Pero yo continué guardando todas las piezas que había ido coleccionando en todos esos años. Y digo bien: guardando. Porque nunca me atrevía a ponérmelas. El rechazo era, y sigue siendo, absoluto.

Han pasado muchos años desde que inicié mi proceso angélico y viví estas experiencias de medallas y colgantes. Más recientemente llegó a mi vida una lectura de registros akáshicos de la que hablaré en un capítulo aparte, pero lo que sí me gustaría mencionar ahora es que fue durante esa lectura cuando mis *vecinos de arriba* me ofrecieron como regalo personalizado el cuarzo rutilado.

¿Cuarzo rutilado? A mí las piedras —como yo las denomino— no me han interesado nunca lo más mínimo y soy una perfecta ignorante en lo que a este tema se refiere. Para mí todas son, eso, piedras. Unas más bonitas que otras pero piedras al fin y al cabo. No soy capaz de distinguir entre una pieza de jade y una de amatista, por poner un ejemplo.

Pues bien, aquello del cuarzo rutilado se instaló en mi mente de manera casi obsesiva. Gracias a que hoy en día tenemos esa maravilla de la comunicación que es internet, logré averiguar lo que era el cuarzo rutilado y, lo más importante, dónde podía verlo *in situ*. Repasando diversas webs de establecimientos seleccioné uno que era el que más me llamaba la atención. Así que, sin perder tiempo, me fui para allá.

¡Dios bendito! Es lo primero que se me vino a la mente al ver la colección de colgantes y sortijas que había expuesta, y no expuesta sino guardada en cajones ocultos a la vista de los visitantes. ¿Cómo podía tener tantas piezas diferentes un establecimiento tan pequeño? Prácticamente todas esas piezas eran de una gran belleza. En un primer momento, y antes de acudir al establecimiento, había pensado en la posibilidad de adquirir un anillo —yo, que por lo general nunca llevo anillos, pero eso es lo que me decía mi subconsciente— pero había un colgante en forma de lágrima que me hacía guiños de manera descarada. Lo miraba, lo tocaba, me lo probaba… «Vamos a ver, que tú querías un anillo»… Al final, por supuesto, me decanté por el colgante. Y, ¿queréis saber lo que ha pasado con ese precioso y llamativo colgante? Está guardado en una caja especial en la mesita de noche de mi cuarto ya que no me es posible llevarlo puesto. Con él sobre mi pecho vuelven a aparecer esos calores infernales que os comentaba. Y por si os lo preguntáis. No. No lleva ninguna imagen de ángeles. Es solo cuarzo rutilado, el regalo personalizado que *Ellos* me habían hecho.

A pesar de la experiencia que yo consideré como negativa, no me di por vencida. A las pocas semanas de este hecho hice un viaje por el País Vasco y una espléndida e inusual tarde de sol radiante en Donostia, mis pasos me llevaron hasta una joyería situada en pleno centro de la ciudad. A mí con las joyas me pasa lo mismo que con las piedras. Me gusta verlas y admirarlas pero no ponérmelas. Así que me fijé en uno de los escaparates y, como no, allí había expuesto un surtido de sortijas de cuarzo rutilado. Ya había aprendido a reconocerlo. No hace falta que diga que me faltó tiempo para entrar y

nada desdeñable de mi sueldo a la adquisición de libros. Libros de todo tipo. Sí, libros, esas cosas de papel que inundaban gran parte de los espacios libres —y no tan libres— de nuestros hogares y que llegaba un momento en que ya no sabíamos dónde colocarlos.

Qué tiempos aquellos en los que podías ir a una librería (establecimiento en especie de extinción), hojear todos los ejemplares que te llamaban la atención, escuchar los sabios comentarios y consejos del librero —o librera—, que ya casi se habían convertido en íntimos amigos y te trataban como a uno más de la familia…. pero, por Dios, ¿será que me estoy haciendo mayor y me gusta revivir determinadas situaciones con toda la nostalgia del mundo? Debe de ser eso porque tengo que decir que a mí todavía me siguen fascinando los libros en papel. Y los defiendo a muerte. Y lo seguiré haciendo aunque solo encuentre críticas a mis comentarios.

Pues bien, desde el momento en que mis *vecinos de arriba* empezaron a meterse en mi vida de manera descarada, mis hábitos de lectura cambiaron por completo.

Cuando acudía a una librería ya no me fijaba en las últimas novedades, en los *best-sellers*, en las recomendaciones de mis autores favoritos. No. Nada de eso. Durante un período aproximado de dos años lo único que caía en mis manos eran publicaciones sobre el mismo tema: ÁNGELES. No es que hubiera una gran variedad de publicaciones sobre el tema pero al hojearlos siempre encontraba algún punto de interés que me hacía llevármelos a casa.

De esa forma, mi colección —de la cual me sentía y me siento muy orgullosa— aumentaba día a día. Huelga decir que en ese período de tiempo tuve oportunidad de leer de todo. Desde cosas muy interesantes que me ayudaron en mi proceso angélico hasta cosas que me producían desde risa hasta pena.

Una vez pasados esos dos años de aprendizaje básico, y ya bastante bien informada y formada acerca de todo lo habido y por haber sobre la existencia y el buen hacer de mis *vecinos de arriba*, volví a retomar mi costumbre de leer un poco de todo. Las lecturas angélicas se quedaron aparcadas pero no por ello olvidadas. Serían muchas las veces en que, con posterioridad, volvería a ellas para consultar y recordar cosas.

Puede resultar curioso pero todavía a día de hoy me gusta echar un vistazo a la sección de Religión o Esoterismo-Ciencias Ocultas en las grandes y pequeñas librerías para ver qué se ha publicado de nuevo sobre mis amigos y aliados. E intento fijarme, sin que se den cuenta, en las personas que hojean o compran libros de esas características. Me gustaría hacerles algunas preguntas. Pero, sencillamente, no me atrevo.

Segunda parte.

Aceptación

Acercando posturas

Todo comenzó aproximadamente un año después de finalizar el curso de ángeles.

Todo comenzó en aquel bonito y acogedor dormitorio, territorio de mi hermana durante mucho tiempo, y que yo había convertido con posterioridad en un hermoso habitáculo de color azul.

Todo comenzó una de esas noches en las que ya tranquila después de un largo día cargadito de estrés, leía relajadamente —es más que probable que un libro sobre ángeles— con la intención de no tardar mucho tiempo en quedarme dormida. Mi mascota ya se encontraba en brazos de Morfeo hecha un ovillo muy cerca de mí.

En un momento dado, y entre párrafo y párrafo, me di cuenta de que mis ojos se encontraban mirando fijamente hacia uno de los rincones que tenía justo enfrente. La difusa luz de la lámpara de pie próxima al sillón donde me encontraba leyendo no llegaba hasta ese punto por lo que me resultaba difícil precisar si efectivamente había algo extraño en el rincón. «Imposible que haya algo extraño con las sesiones de limpieza que la matriarca organiza frenéticamente con asiduidad», pensé.

De hecho, lo que yo percibía no era algo físico sino una especie de presencia extraña. Se trataba de una sensación nueva y desconocida para mí. Una presencia que estaba segura no existía, ya que en aquella habitación solo nos encontrábamos mi mascota y yo. El durmiendo; yo cada vez más despierta.

Mi estado de calma y sosiego desapareció para dar paso a una intranquilidad y nerviosismo que no me gustaron nada. Miraba y acariciaba a mi mascota, buscando su protección, pero él seguía durmiendo plácidamente, sin percatarse de nada. Tampoco me tranquilizaba verle en ese estado. Me desconcertaba más aún, si cabe.

Al mismo tiempo, era incapaz de levantarme y acercarme hasta el rincón en cuestión y explorar *in situ*. Era como si me hubieran pegado firmemente al sillón. Mi cuerpo no me respondía.

Mi intranquilidad y nerviosismo no desaparecieron. No, no. Más bien fueron en aumento hasta convertirse en miedo. Sí, sí. Miedo a lo inexplicable. Porque ¿quién me podía explicar aquello?

Finalmente, y sin ser muy consciente de mis actos, opté por irme a la cama, buscando en ella esa protección que tanto creía necesitar. Apagué la luz; me tapé la cabeza con la sábana; sentí como mi mascota se acercaba a mí de manera pausada y se acurrucaba a mi lado; cerré los ojos, todavía sintiendo el temblor en todo mi cuerpo; y, por último, en un espacio de tiempo muy breve, me quedé dormida. Me quedé dormida hasta que el sonido del despertador me hizo abrir los ojos ya por la mañana y encontrarme de nuevo con la realidad cotidiana.

¿Si al día siguiente recordaba algo de todo este episodio nocturno? Sí, claro que sí. Pero no. No me afectó en lo más mínimo en la realización de mis tareas cotidianas. Las pocas veces que pensaba en ello, lo veía desde otra perspectiva.

¿Qué si este tipo de episodio volvió a repetirse alguna otra vez? Sí, claro que sí. En numerosas ocasiones. No todas las noches —afortunadamente— pero sí con una frecuencia que a mí me parecía demasiado continuada.

¿Y qué pasó al final? Pues que, en primer lugar, mi mascota y yo nos acostumbramos de tal forma a convivir con esa presencia extraña que llegó un momento en que lo consideramos como lo más normal del mundo, sin darle la más mínima importancia. Y, en segundo lugar, y mucho más relevante, cuando ya nos habíamos acostumbrado a compartir habitación con la presencia extraña, cosa que nos llevó meses, un buen día esta adquirió la forma de un pequeño punto de luz.

¡Por amor de Dios! Aquello se estaba pasando ya de castaño oscuro. Nunca he sido imaginativa, por lo que me costaba aún más creer y aceptar que mi imaginación se hubiera puesto a trabajar a mi edad.

«¿Qué me está pasando?», era la pregunta que me hacía regularmente y a la que no encontraba respuesta. Creo que fue por aquellos días cuando empecé a plantearme muy en serio que padecía algún tipo de disfunción cerebral. Y el apelativo «psiquiatra» comenzó a hacer acto de presencia en mis sueños y en mis realidades.

Pasaban los días y el punto de luz no desaparecía de su rincón favorito. Se instaló ahí en plan «okupa» y no nos abandonaba ni por asomo. Yo continuaba observando a mi mascota por sí se producía algún tipo de reacción atípica en él, pero seguía durmiendo, y hasta roncando, sin dar señales de que nada fuera de lo normal estuviese ocurriendo. Y yo posponiendo la visita al psiquiatra.

Al igual que nos acostumbramos a convivir con la presencia extraña en su momento, igual nos pasó con el punto de luz. Se convirtió para nosotros en un bonito accesorio más del dormitorio azul.

Dejé de pensar en disfunciones cerebrales, en psiquiatras y en revisiones oftalmológicas. Continué con mi vida haciendo caso omiso del punto de luz. Cada día que pasaba me sentía más contenta y relajada. Y terminé aceptando su presencia de manera incondicional. Eso sí, era un secreto entre nosotros tres. A nadie se me ocurrió hablarle acerca de los episodios nocturnos por los que estaba —o creía estar— pasando. Imagino la cara de algunos de mis amigos. Y no digamos de mi propia familia.

Y mientras ocurrían todas estas cosas, yo continuaba leyendo, informándome y documentándome acerca de esos seres alados de los que cada día conocía más y más cosas. Según iba pasando el tiempo, me sentía más y más fascinada.

Atrás ha quedado el tiempo de la presencia extraña y del punto de luz. De mis inquietudes, mi desasosiego y mi miedo. Llega ahora el momento de dar un paso más en este proceso que me ha tocado vivir.

Como decía, yo no había interrumpido la lectura de libros «angélicos». Al contrario. Había ido adquiriendo más y más conocimientos sobre mis *vecinos de arriba*.

Había podido leer y documentarme acerca de sus «apariciones» y «encuentros» con nosotros, los vecinos de abajo. Había tenido la oportunidad de conocer —siempre a través de libros especializados— experiencias de primera mano. Personas, aparentemente como yo, que relataban, con todo lujo de detalles, la manera en la que *Ellos* se les habían aproximado, les habían servido de guía y les ayudaban de manera continuada.

Pero vamos a centrarnos en su aproximación a nosotros, a los seres terrenales. Dejemos lo demás para más adelante.

Para ello, hemos de regresar a esas noches tranquilas en el dormitorio azul. Y a la etapa en la que, mi mascota y yo, nos habíamos acostumbrado a convivir con el punto de luz en uno de los rincones.

Una noche —porque todo pasaba de noche— ese pequeño punto de luz comenzó como a moverse de un lado para otro; a desplazarse mínimamente del lugar que había ocupado durante tantos meses. Por un instante pensé que iba a desaparecer. Que nos estaba dando su último adiós. Nada más lejos. A la vez que iba desplazándose, se iba expandiendo hacia arriba y hacia abajo, como si millones de otros puntos de luz se le hubieran unido en esa danza extraña, hasta convertirse en una línea delgada, en sentido vertical, con una luminosidad tan fuerte que era difícil mirarla sin que hiciera daño a la vista.

A esas alturas, ya no sentía miedo hacia lo desconocido. Ahora ya era consciente de que lo que estaba pasando bien podía ser su primer acercamiento. Había leído incontables testimonios de otras personas sobre cómo habían vivido situaciones como la que yo estaba experimentando. No podía tratarse de otra cosa que no fuera el comienzo de su comunicación conmigo.

Una vez que la línea vertical quedó claramente definida, se inició la segunda parte de su transformación, que no fue otra que expandirse hacia los lados, hacia la izquierda y hacia la derecha, hasta convertirse esta vez en un cuadrado perfecto. Insisto acerca de la gran luminosidad que el cuadrado desprendía. Una luz extremadamente potente pero que, al mismo tiempo, transmitía y hacía llegar a todo aquel que se atreviese a mirarla —en este caso yo— una paz y una serenidad fuera de lo común.

Durante semanas, el cuadrado de gran luminosidad se adaptó perfectamente a su rincón favorito, como lo habían hecho, en su día, la presencia extraña y el punto de luz. ¿Qué tendría aquel rincón?

Pero las sorpresas no habían terminado. Para nada. Lo más sorprendente aún estaba por llegar.

Y llegó. Cuando ya mis pupilas, después de semanas, se habían acostumbrado y aceptado la luz cegadora del cuadrado que flotaba frente a mí en el pequeño espacio del dormitorio, una noche —no voy a repetir que todo pasaba de noche— el cuadrado comenzó a moverse, desplazándose mínimamente de nuevo. Esta situación me sonaba. No tuve que esperar mucho tiempo antes de que comenzara a expandirse hacia arriba y hacia abajo, hasta llegar a tocar el techo y el suelo. Su luminosidad continuaba intacta. Solo había variado su forma. Ahora me recordaba a un gran tubo fluorescente de los que hace años se instalaban en las cocinas.

Cuando mis ojos, una vez más, se hubieron acostumbrado a mirar a través de esa gran energía lumínica, llegó el momento de quedarme sin palabras. ¿Estaba soñando? ¿Me había quedado dormida sin darme cuenta? Dentro de ese gran halo de luz podía vislumbrar una silueta enorme en la que se distinguía a la perfección un rostro.

Un rostro de una belleza tal que difícilmente —incluso ahora, muchos años después— puedo encontrar las palabras adecuadas para describirlo. Ni siquiera en los cuadros de los grandes maestros renacentistas se podía hallar algo semejante.

Una belleza como jamás hubiera visto o imaginado.

Pero lo más significativo no era esa gran belleza sino la calma y la paz que, en su conjunto, transmitía. Resultaba imposible sentir el más mínimo rechazo. Era como un grandísimo imán que atraía mi mirada y permitía que, poco a poco, fuera descubriendo sus facciones. Y qué decir de su sonrisa. La sonrisa más dulce que hubiera visto jamás.

Huelga decir que la presencia se instaló definitivamente en el rincón del dormitorio azul. Y una vez superada la sorpresa inicial, mi mascota y yo continuamos con nuestros hábitos de vida cotidianos. Compartiendo espacio.

Y a partir de estas experiencias, mi vida comenzó a cambiar en determinados aspectos.

El miedo y la intranquilidad se fueron desvaneciendo a medida que pasaban los días. La confianza iba abriéndose paso, poco a poco, dentro de mí. La alegría y el sentido del humor volvieron a ubicarse en su sitio después de su largo período de vacaciones. La gente a mi alrededor era consciente de la transformación que se estaba llevando a cabo dentro de mí pero, ni ellos ni yo, hacíamos el más mínimo comentario al respecto. Ellos por miedo a alguna salida de tono por mi parte —que tan habituales habían sido en los últimos meses— y yo por precaución. ¿Cómo podía hacerles entender todo lo que estaba viviendo? ¿Cómo podía relatarles la relación que se había establecido con mi nuevo *amigo invisible*?

Pues eso. Que yo seguí adelante con mi historia en el más absoluto de los secretos, sacándole partido a todos y cada uno de los momentos que mi *vecino de arriba* me ofrecía de manera generosa y desinteresada.

Solo mi mascota seguía siendo cómplice en esta apasionante aventura. Siempre me ha preguntado —sin obtener respuesta— por qué los animales no hablan nuestro mismo idioma.

TRABAJANDO EN EQUIPO

Ya he mencionado en algún sitio antes que yo continuaba leyendo, informándome y documentándome acerca de mis *vecinos de arriba*.

próximo a mi domicilio. Son muchos —o a mí me lo parece— los minutos que esa alarma continúa emitiendo chillidos insoportables. Mi paciencia se agota. Voy a gritar. Con todas las consecuencias. Hasta que, de repente, aparece una bombilla en mi mente y pido ayuda a mi *amigo invisible*. No he terminado de pedir esa ayuda cuando los chillidos se ven interrumpidos de manera abrupta. ¡Gracias, Dios mío! ¿O debería decir, gracias *vecino* mío?

Regreso al refugio de mi cama y retomo mi ansiado y relajado sueño hasta las seis, momento en el que siento como si algo comenzara a chillar… pero, tranquilos, esta vez solo se trata de la alarma de mi reloj despertador. No es necesario pedir ayuda.

Es, simplemente, hora de ponerse las pilas y enfrentarse con la mejor de las sonrisas a un nuevo y caluroso día estival madrileño.

Mi madre tiene revisión oftalmológica esta tarde. Hemos acordado que acuda ella sola ya que se trata de una revisión rutinaria pero yo, como la buena hija que me considero ser, he prometido que pasaré a recogerla con el coche para llevarla de vuelta a casa.

Como casi siempre que tengo algún compromiso familiar ineludible, las cosas en el despacho se han complicado lo suficiente como para hacerme salir corriendo y con tiempo más que justo para llegar a la consulta del oftalmólogo. Ya pienso en la cara y en los comentarios de mi madre al respecto. No será la primera vez que ocurra. Ni la última.

Camino del aparcamiento para retirar el coche recuerdo que tengo que poner gasolina. Ya esta mañana el nivel estaba muy bajo. ¡Lo que me faltaba! Llegaré aún más tarde si tengo que desviarme hasta la gasolinera. Pero no hay otra opción. «Debería haberla puesto esta mañana», me recrimino sin que sirva de mucho.

Una vez fuera del aparcamiento y al incorporarme a una de las arterias principales de la ciudad, me encuentro con un panorama desolador. La calle está totalmente colapsada por el tráfico. Los vehículos deben de llevar mucho tiempo parados ya que se escucha el sonido de numerosos cláxones protestando a la vez. «Ventajas de vivir en la gran ciudad», pienso. Me incorporo al caos como puedo y gracias a la gentileza de un amable conductor que me ha cedido el paso en uno de los carriles.

Pasan los minutos y aquello no parece tener solución a corto plazo. Mi mirada va alternándose entre el cristal delantero del coche para asegurarme de si aquello avanza por algún lado y la aguja del depósito de la gasolina que se aproxima de forma alarmante al límite. Siento muchas, muchas ganas de llorar. Pero no me lo puedo permitir. Ahora no.

En medio del caos reinante, aparece una bombilla en mi mente y pido ayuda a mi *amigo invisible*. Apenas he terminado de implorar esa ayuda cuando todo parece volver a la normalidad sin explicación aparente. Los cláxones han dejado de sonar y los vehículos van avanzando hasta conseguir un ritmo de circulación normal.

Respiro profundamente y me como las lágrimas. Piso el acelerador, circulo unos cuantos metros, giro a la derecha y me encuentro a las puertas de la gasolinera. Milagrosamente observo que está desierta. Ni un solo vehículo repostando. Increíble a esas horas. Lleno el depósito, abono el importe y salgo disparada en dirección al oftalmólogo.

Ya por el camino, algo más relajada, pienso en las dificultades que hay para aparcar en aquella zona. No hay ningún aparcamiento cerca y esa calle siempre está muy concurrida. Pero…. aparece la segunda bombilla de la tarde y le pido a mi *amigo invisible* que, por favor, no me encuentre con ninguna dificultad para aparcar y poder recoger a mi madre en paz. Dicho y hecho. Cuando minutos más tarde llego a mi destino, justo al lado del portal de la consulta, observo que un maravilloso coche de mayores dimensiones que el mío está desaparcando. Lanzo un grito de alegría y meto mi pequeño utilitario en el gran hueco que acaban de dejar, sin apenas tener que entretenerme en maniobrar.

No espero al ascensor; subo los escalones de dos en dos, entro en la consulta jadeando, justo en el mismo instante en que el doctor se está despidiendo de mi madre. ¿Se trata de un milagro? ¡He conseguido llegar a tiempo! Y mi madre me recibe con la mejor de sus sonrisas. Ese sí que es el mejor regalo del día. Su sonrisa.

Y las bombillas. Ellas también son un espléndido regalo. Y empiezo a valorarlo.

A medida que iba adquiriendo experiencia, y sobre todo, confianza a la hora de pedir ayuda a mi *amigo invisible*, de manera inconsciente, iba aumentando el nivel de dificultad en mis peticiones. Y digo de manera inconsciente ya que, para nada, mi intención era ponerle a prueba. ¡Dios me libre! Si *Él* se mostraba juguetón conmigo ante determinadas situaciones, para mí todo esto seguía siendo lo cosa más seria del mundo.

Llevaba meses dándole vueltas al tema. Hacía tiempo ya que me había instalado en la casa familiar buscando refugio y ese amor incondicional que solo puede ofrecerte tu propia familia. Pero las cosas habían ido cambiando. Mi vida volvía a estar perfectamente organizada y creía estar preparada para «emprender el vuelo» de nuevo. Mi comportamiento puede parecer de lo más egoísta del mundo al expresarme así pero yo sabía que, por diversos motivos, la matriarca se sentiría mucho más liberada si yo ocupaba otro espacio no tan próximo a ellos. Así que, una vez tomada la decisión en firme, me puse manos a la obra. No iba a ser fácil, eso ya lo sabía de antemano, pero tampoco se trataba de una situación de extrema urgencia.

Mis expectativas estaban puestas en un piso ni grande ni pequeño, con mucha luz, próximo a las casas familiares de mis padres y de mi hermana, con un precio no demasiado elevado. En fin, como vulgarmente se dice, «un mirlo blanco».

Por aquel entonces, lamentablemente, no existían esos fantásticos enlaces inmobiliarios que ahora arrasan en internet y que tanto nos facilitan la vida. Había que ir mirando en los suplementos dominicales de algunos periódicos y, sobre todo, confiar mucho en el «boca a boca», por lo que el proceso podía demorarse semanas, o meses, en el peor de los casos.

Todos mis contactos estaban al tanto de mi búsqueda y yo confiaba ciegamente en que algo aparecería más pronto que tarde. Pero no. El tiempo iba pasando y no encontraba nada de las características que buscaba.

A punto de tirar la toalla, aparece una bombilla en mi mente y pido ayuda a mi *amigo invisible*. Una ayuda casi a la desesperada. ¿Cómo no se me había ocurrido antes?

A los cuatro días de esta petición, como decía, casi a la desesperada, recibo una llamada de mi hermana, eufórica, exultante, para decirme que esa misma tarde vamos a ver un piso muy próximo a su domicilio, que me podría interesar ya que reúne las características exigidas por mí. ¿Cómo se había enterado? A través de su frutero… ¿qué os decía del «boca a boca»? A las siete menos cinco de la tarde estábamos en el portal. El edificio me gustó mucho y la ubicación también. Las dos subimos en el ascensor conteniendo la respiración y con los dedos cruzados para que la vivienda en cuestión nos resultara igual de satisfactoria.

Una vez más, no podía creerlo. Y mira que no se trataba de una primera petición de ayuda. Después de un recorrido exhaustivo por el piso, y hablar de condiciones con la propietaria, nos dimos un apretón de manos y firmamos un acuerdo verbal que más adelante se reflejaría de manera legal y administrativa.

Tanto mi hermana como yo salimos como en una nube de nuevo a la calle. Sin poder articular palabra. Mirándonos con incredulidad y alegría. Sí. Había conseguido el piso de mis sueños, el piso que necesitaba para dar comienzo a una nueva etapa.

Las bombillas seguían siendo un espléndido regalo. Y cada día las valoraba más y más.

¡Qué ironía! Lo que más pánico me ha producido siempre, los aviones. Lo que más me ha gustado siempre, viajar.

Está bien, muy bien, eso de pasar un fin de semana en una acogedora casa rural enclavada en un sitio que consideras «mágico» en la provincia de Burgos, de Cáceres, o de tu adorada Navarra. O en cualquier otro punto de la geografía española.

Nuestro país es lo suficientemente bello como para no descartar ninguno de sus rincones. Coges tus bártulos, tu coche y adelante. Sin mayor problema. Disfrutas plenamente del fin de semana y vuelves a casa con las pilas cargadas.

También es estupendo lo de desaparecer tres o cuatro días en alguna de las capitales europeas por las que tanto te gusta callejear. Tómense como ejemplo Roma, Praga, Edimburgo. Sin menospreciar, por supuesto, a otras muchas que también te resultan fascinantes. Reservas el vuelo con antelación suficiente para poder acogerte a una tarifa *low-cost* y llegado el día, coges tus bártulos, te tomas una Biodramina sin cafeína una hora antes de la salida del vuelo y adelante. A disfrutar a tope en ese breve lapsus de tiempo de tres o cuatro días.

Pero, claro, el problema surge cuando tienes que viajar a un lugar no lo suficientemente cercano y tienes por delante un trayecto de, como mínimo, seis o siete horas de vuelo, en un maravilloso avión donde, eso sí, el personal de a bordo te colma de atenciones, pero tú no dejas de sentirte atrapada dentro de una jaula de oro de la que no podrás escapar hasta llegar a tu destino. Me dan escalofríos solo de pensarlo.

A mis 31 años de vida, y con algunos viajes ya a mis espaldas, nunca me había atrevido a «cruzar el charco» por aquello que os decía del pánico a los aviones. Demasiadas horas encerrada. En esas estábamos cuando, un buen día, así sin más, a mi jefe se le ocurre la brillante idea de promocionarme y ofrecerme un puesto, para nada rechazable, que incluía un entrenamiento de un par de semanas en la sede central de nuestra empresa, ubicada, ni más ni menos que en Boston, Massachusetts, Estados Unidos.

Lo primero que pensé es en las seis horas, como mínimo, que tendría que pasar dentro de un avión, último modelo, para llegar a Nueva York, primera etapa del viaje. Por un brevísimo instante se me pasó por la cabeza decirle que no me interesaba. Pero, gracias a Dios, demostré ser lo suficientemente adulta e inteligente como para aceptar sus condiciones, incluido el entrenamiento con mis colegas en Boston. Solo era cuestión de ingerir una dosis mucho más alta de Biodramina sin cafeína. Asunto resuelto. Nada más que hablar.

No haré comentarios acerca del vuelo Madrid-Nueva York-Boston. No, no. No los haré.

Pero sí del entrenamiento en la sede central. Resultó tan satisfactorio para ambas partes que durante unos cuantos años ocupé un puesto de responsabilidad en el que me relacionaba con mucha gente, gente de todo tipo, y eso me gustaba. Mucho. Y, lo más atractivo de todo, esa gente se encontraba en diversos puntos geográficos, tanto en España como en el resto del mundo. Y eso llevaba implícito, como es lógico, viajar casi de continuo.

Jamás perdí el miedo a los aviones pero gracias a las Biodraminas sin cafeína y a las interminables escalas en vuelos superiores a cuatro horas, cumplía con mi misión, altamente reconocida y valorada por mis superiores.

Fue, más o menos, entonces cuando comencé a viajar fuera de España, a título personal, «cruzando todos los charcos» habidos y por haber, descubriendo lugares fantásticos con los que siempre había soñado. O no. Porque, vamos a ver, ¿a quién le amarga el dulce de pasar unas navidades en pleno corazón del Caribe escuchando villancicos mientras el sol acaricia con dulzura tu piel, especialmente cuando no ves atractivo alguno a todo lo que representa la Navidad en tu país? Y esto, solo por poner un ejemplo.

Pero volvamos a la cruda realidad.

Podréis imaginar, en especial los que hayáis pasado por situaciones similares, que todos esos viajes profesionales me producían un altísimo e imparable nivel de estrés que se iba acumulando más y más a medida que pasaba el tiempo.

Y así continué. Mi actividad frenética no me abandonaba, a pesar, incluso, de haber cambiado de empresa. Y, de repente, como ocurre con las cosas verdaderamente importantes, por sorpresa, alguien puso en mi camino la, no tengo palabras para expresar todos sus valores, disciplina del yoga.

Gracias a mis sesiones semanales —a las que NUNCA faltaba— aprendí a manejar mi estrés de manera positiva. Y, de paso, también al caos personal en el que se había ido convirtiendo mi vida sin que yo hubiera sido consciente en absoluto. Y, como siempre digo y defiendo, «una cosa lleva a la otra». Y, para mí, había llegado el momento, pospuesto más de una vez, de viajar a la India. Sí, claro. yoga... India. Alguna conexión sí que se puede encontrar. ¿O no?

Mi viaje a la India fue una de esas experiencias que, por muchos años que pasen, jamás se van de la memoria. Y que sin que puedas hacer nada por evitarlo, te cambian la vida. Veintitrés días de auténtico aprendizaje a todos los niveles. Una cura de humildad a prueba de bombas. Debería ser una asignatura obligatoria.

Pero, dentro de ese viaje, y en el contexto que nos ocupa, quiero hacer énfasis en una excursión que realizamos a la pequeña localidad de Khajuraho. Una población, situada en la India Central, a unos 600 km de Nueva Delhi, y con cerca de 40.000 habitantes.

¿Qué atractivo podía tener Khajuraho para incluirla dentro de nuestro recorrido?

Bien. Se trata de una localidad en la que se alzan numerosos y bellos templos hindúes construidos entre los años 905 al 1050 y declarado todo el conjunto Patrimonio de la Humanidad por la UNESCO desde 1986. En los veintidós templos que en la actualidad se mantienen en pie existen un sinfín de figuras esculpidas representando escenas del Kamasutra.

¿Se necesita alguna razón más para visitar Khajuraho?

Todo perfecto hasta llegar al aeropuerto de Nueva Delhi y descubrir, con asombro y perplejidad, el avión que iba a transportarnos hasta esa bella ciudad llena de erotismo. ¿Recordáis esos juguetes de hojalata que hacían las delicias de los niños de comienzos y mediados del siglo xx? Pues tal cual. No, no. Yo no iba a subirme en un «cacharro» así y mucho menos con lo que estaba cayendo. No había parado de diluviar desde hacía tres días. «Época monzónica», decían los de allí. Comencé a sentir cómo mis indiscretas lágrimas surcaban mis mejillas, a la vez que mis compañeros de viaje me urgían a subir. No podíamos perder más tiempo. Aquel «no sé cómo llamarlo» debía despegar en unos minutos.

En aquella ocasión, sí que imploré, con todas mis fuerzas, ayuda inminente a mi *amigo invisible*. Y, en aquella ocasión, recibí su ayuda inmediata de la manera más bella y sorprendente posible.

A punto de subir por la escalerilla y tratando de ocultar mis lágrimas, dirigí mi mirada hacia una de las alas del avión y allí, dentro de un haz de una luminosidad extrema, se encontraba *Él*. Con su sonrisa habitual. Esa sonrisa que a mí me proporcionaba toda la tranquilidad y serenidad del mundo. No necesité nada más para subir a bordo.

Durante todo el trayecto Delhi-Khajuraho, cada vez que mi mirada se desviaba, una y otra vez, hacia el ala del avión, allí continuaba *Él*, con su sonrisa eterna. Sin dejar de transmitirme la seguridad que yo le había solicitado.

Aquella bombilla fue una de las más importantes e inolvidables de todo mi recorrido angélico.

Y acerca de los templos de Khajuraho, es una visita obligada en la India. Esa es, al menos, mi recomendación.

Y así, una tras otra, en mayor o menor grado, se fueron sucediendo mis solicitudes de ayuda, que fueron muchas, y las respuestas casi siempre inmediatas de mi *amigo invisible*. Digo casi siempre porque había situaciones en las que por mucho que yo pidiera ayuda, nadie respondía a mi llamada de auxilio. ¿Por qué?, os preguntaréis. Sencillo. Porque yo pedía cosas que, por el motivo que fuera, no se me podían conceder en aquel momento.

Porque no nos olvidemos de lo más importante:

— *Ellos* no siempre conceden todo lo que se les pide porque, sencillamente, no es nuestro momento para ello, por mucho que nos empeñemos en creer que sí.

— *Ellos* pueden tardar en concedernos aquello que consideramos imprescindible y necesario más tiempo del que a nosotros nos gustaría porque, sencillamente, no estamos preparados para recibirlo, por mucho que nos empeñemos en creer que sí.

— Nosotros debemos ser cautelosos con todo lo que les pedimos a *Ellos* porque, sencillamente, *Ellos* solo aceptan y resuelven cosas positivas, realizables y que no tengan nada que ver con terceras personas.

— Y, por último, *Ellos*, sencillamente, son juguetones y les gusta hacernos rabiar. Sin más.

— Y, por favor, las «gracias». Siempre «gracias». Seamos educados.

Y tan ilusionada y contenta me siento escribiendo acerca de algunas de mis experiencias de peticiones de ayuda con final feliz que casi me olvido de una, puramente anecdótica, pero que considero debo también compartir con vosotros. Una que, lamentable o afortunadamente, no llegó a tener ese final feliz. O sí. Depende de cómo se mire.

Nunca he tenido facilidad para recordar mis sueños. Las pocas veces que ello pasa siempre se trata de lo que yo denomino como «premoniciones» ya que son acontecimientos que, a los pocos días, ocurren y que a mí me dejan perpleja y asustada. No consigo acostumbrarme.

Principios del mes de diciembre de cualquier año. Me despierto sobresaltada recordando haber visto en sueños un décimo de lotería y un número. Algo en mí interior me dice que ese décimo se corresponde con el sorteo de Navidad que se celebrará en unas pocas semanas.

A mí no me gustan nada los juegos de azar —a pesar de que algunos miembros de mi familia se hayan visto alegremente enriquecidos gracias a ellos— y es en contadas ocasiones cuando me hago con alguna participación. Pero después de haber tenido ese sueño no puedo dejar pasar por alto la oportunidad. ¿Y si se trata de un aviso premonitorio y pierdo la ocasión de hacerme un poquito menos pobre?

Ese mismo día me dirijo a la administración de loterías más cercana a mi domicilio y… negativo. No tienen ni un solo décimo con el número soñado ni para el sorteo de Navidad ni para ningún otro. La misma respuesta en otras tres o cuatro administraciones que me pillan al paso. Pues vaya, la cosa empieza a complicarse. Pero no me voy a dar por vencida. Menuda soy yo.

En la época en que todo esto ocurre, casi todos los mortales disponemos ya de internet. Así que, en un raro y escaso momento de tranquilidad, me pongo a buscar afanosamente dónde encontrar el dichoso número.

Y ahí está. Administración «La Bruja de No Sé Qué», en una localidad cercana a Valencia. Aplaudo y doy saltos de alegría. Pero no se lo comento a nadie no vaya a ser que tengan la misma idea que yo. Después de una amigable conversación telefónica con el dueño de la administración, una transferencia bancaria y un envío postal, llega a mi poder el tan ansiado décimo.

22 de diciembre, por la mañana. Sorteo Extraordinario de Lotería de Navidad. Por todas partes, vayas donde vayas, se escuchan las inocentes y claras voces de los niños de San Ildefonso cantando premios. De todos ellos, ninguno se aproxima ni de cerca a mi número. Espero pacientemente. Fin del sorteo. Pues no. No ha salido. No he sido agraciada ni con un simple reintegro.

Lección aprendida. ¿De dónde me saqué yo que *Ellos*, sin que yo lo hubiera pedido, me podían estar dando un aviso para que consiguiera ese décimo y que además me tocara? Ya no solo soñaba dormida; también lo hacía despierta. Y encima me inventaba cosas. ¡Qué desastre!

ACORTANDO DISTANCIAS

Como en un túnel del tiempo, retrocedamos hasta esa valiosa y fructífera etapa en la que yo disfrutaba leyendo, informándome y documentándome acerca de mis cada vez más sorprendentes *vecinos de arriba*.

Había aprendido mucho, muchísimo, por medio de la lectura de determinadas publicaciones. Esas lecturas me habían ayudado, en gran medida, en el desarrollo de mi propio proceso angélico. Y continuaban haciéndolo cada vez que tenía oportunidad de consultarlas.

Al principio, muchas de las informaciones que recogía en los libros especializados me chocaban y me costaba mucho admitir que tuvieran una lógica pero, con el paso del tiempo y de las lecturas, mi percepción cambió. Cambió, principalmente, porque, poco a poco y de manera continuada, yo misma iba haciendo frente a todas esas vivencias y experiencias tan bien reflejadas en los libros.

Ya nada me sorprendía.

Y, por ello, no me sorprendió, para nada, el día en que sentí la necesidad imperiosa de poner un nombre a mi *amigo invisible*. Se trataba de dar un paso más hacia adelante en ese recorrido en común. Llevábamos ya tiempo comunicándonos y había llegado el momento de familiarizarme más con *Él*. O eso es lo que yo sentía. Además, *Él* no había expresado su disconformidad.

Así que, me dejé llevar por mi intuición y «mis tripas» y le asigné el nombre de «Tomás». Tampoco en esa ocasión *Él* mostró ningún signo de rechazo.

Ya imagino lo que estaréis pensando, aparte de que seguía estando loca de atar. Lo mismo que hubiera pensado yo. Que había elegido «Tomás» porque, a lo largo de mi vida, había existido, o existía, un Tomás importante para mí, a nivel familiar y/o sentimental; alguien que estaba, o había estado, representando grandes cosas para mí.

Pues no. En el momento que decidí llamar «Tomás» a mi *amigo invisible* ni conocía, ni había conocido personalmente a nadie con ese nombre.

Durante meses estuve llamándole «Tomás» y a *Él* no parecía disgustarle. Todo lo contrario. Nuestra comunicación era más y más fluida cada día.

En algún momento durante esos meses me vino a la mente que al primer angelito de arcilla que mi «maestra» Rosa me había regalado —muy en los comienzos de mi proceso— le había llamado «Nicolás», nombre que tampoco representaba nada para mí. Jamás se había cruzado en mi vida ningún Nicolás.

¿Quizás elegía esos nombres porque tenían una representación en el santoral católico? No, no. «Que los ángeles no tienen nada que ver con la religión», me repetía. ¿Sería por la terminación «as»? Nunca conseguí averiguar si podía haber alguna conexión en este sentido.

Hasta que lo dejé por imposible. Sin más.

Durante meses seguí utilizando el nombre de «Tomás» para dirigirme a mi *amigo invisible*.

Pero, un día, al dirigirme a *Él* por ese nombre, sentí como una especie de rechazo interior y un ligero malestar. Y esto ocurrió no solo ese día sino algunos más. Siempre que le llamaba por el nombre que yo había escogido a mi libre albedrío. No encontraba explicación, ni lógica ni ilógica, a mi atípica reacción. Pero tampoco la busqué. Ya vendría sola en el momento oportuno. Si algo había aprendido en este largo proceso es que las respuestas a todas mis dudas siempre llegaban.

Y llegó. Una noche —aquí vuelvo a insistir en que casi todo pasaba de noche— al visualizar su rostro, con esa sonrisa dulce, extremadamente dulce y serena, pude apreciar que por encima de su cabeza, justo donde terminaba la línea que formaba el haz luminoso que le envolvía, había unas letras grandes, muy grandes, separadas entre sí por una especie de guiones. A estas alturas, eso de quedarme perpleja ya había pasado a la historia pero sí, es verdad, que me ví fuertemente impresionada. Esto era algo nuevo y diferente.

En un primer momento no entendí, para nada, el significado que podía tener aquello. Hasta que —¿recordáis las bombillas de las ayudas?— se me encendió una bombilla y pregunté directamente. Por medio de esa comunicación ya tan bien establecida entre los dos, acerté a entender que se trataba de su nombre auténtico, o de cómo quería que yo le llamase a partir de entonces. Lo de «Tomás» carecía ya de sentido. Debía de estar harto. Si a mí no me gusta que me acorten o utilicen diminutivos con mi nombre, imaginaos si se dirigen a mí por uno que no se corresponde con el real.

Pedí disculpas —que fueron aceptadas— por la utilización de «Tomás» durante esos meses y comencé a llamarle tal cual se me había solicitado. Creo que a partir de ese día su sonrisa se hizo algo más armoniosa todavía.

Pero la aventura de su nombre no acaba aquí. No. Continua.

A los pocos días de estar dirigiéndome a *Él* con el nombre requerido, de nuevo pude visualizar las letras gigantes separadas por guiones. ¿Por qué esta repetición?, pensé. Al fijarme bien en ellas, observé, con claridad meridiana, que sobre una de esas letras había un grandísimo y más que visible acento. «¡Madre mía!», me dije. Al tratarse de letras mayúsculas y un nombre absolutamente desconocido para mí, lo había estado vocalizando mal ya que no había tenido en cuenta el acento.

A partir de ahí, sin problema. Ningún incidente más en cuanto a su nombre.

Y, por cierto, y con respecto a nombres de ángeles. Eso que dicen de que todos llevan la terminación «el», para nada. No estoy de acuerdo. Y tengo mis motivos.

¡Se me olvidaba! Durante un tiempo traté de buscar, por todas partes, algún significado «terrenal» que tuviera que ver con su nombre. Ni encontré ni he encontrado nunca nada.

UN PASO MÁS ALLÁ

Y continúo experimentando con situaciones diferentes a las vividas hasta ahora, siempre bajo la autorización y supervisión de mi *amigo invisible*, situaciones descritas también por otras personas en esos libros que siguen estando a mi lado, en todo momento, ofreciéndome, siempre, una ayuda inestimable y una formación exhaustiva.

Y me arriesgo. Me arriesgo con esas situaciones nuevas. Soy atrevida, muy atrevida. Pero a *Él* parece no disgustarle mi actitud. Y entiendo que debo continuar con mi proceso.

Hoy voy a intentar contactar con el *amigo invisible* de otra persona. Una persona muy próxima a mí y que parece estar necesitando ayuda de manera inminente. Bueno, no lo parece. Lo está. Si no fuera así, no me arriesgaría.

Sigo fielmente las instrucciones detalladas en uno de los libros. Estoy nerviosa. Mucho. Lo que estoy haciendo, a mi modo de ver, representa dar un paso de gigante en todo el proceso. Podría decir que es casi como jugar con fuego.

Le consulto a mi *amigo invisible* y *Él* me da su aprobación para ir adelante. A pesar de tener su aprobación, no puedo evitar preguntarme: «¿quién soy yo para meterme en la vida de nadie y, sobre todo, tratar de contactar con su amigo invisible?». Esta frase no se me va de la cabeza, pero lo intento. Solo quiero AYUDAR. Ayudar con mayúsculas. Porque sé, con total fiabilidad, que esa persona está atravesando un momento muy difícil y cualquier ayuda que llegue será más que bien recibida.

Y dicho y hecho. Me lleva varios intentos conseguir el contacto que busco. Ignoro si son mis nervios o que no sigo las instrucciones al pie de la letra, pero las primeras llamadas de auxilio son en balde. No hay respuesta por parte de nadie.

Cuando finalmente lo consigo, una vez más, no puedo dar crédito. Mira que mi proceso está lo suficientemente avanzado como para no sorprenderme por nada.

Ahí están los dos *amigos invisibles*, uno junto al otro, el mío y el de la persona a la que pretendo ayudar dejándose visualizar claramente. ¡Qué impresión!

Recuperada ya de mi sorpresa inicial —que es superlativa— y con todo el fervor del que soy capaz, imploro ayuda a este nuevo *amigo invisible*, al que acabo de conocer, como intermediaria absoluta. Una vez hecha mi petición y tras unos breves segundos, *Él* desaparece. Ya no puedo visualizarle. Todo ha sido muy rápido.

Entiendo, por propia experiencia, que ahora lo que toca es esperar. Esperar hasta ver si la difícil situación por la que está atravesando esta persona da un giro positivo.

Y claro que lo da. A los pocos días de haber hecho mi petición me llega la confirmación. A pesar de la inmensa alegría, me siento aturdida. Y confusa. «¿Seguro que yo he tenido algo que ver en la resolución de esa difícil situación con mi llamada de socorro?». Me cuesta trabajo creer que es así. Mi *amigo invisible* sonríe al verme tan confundida.

A medida que voy «practicando» en eso de pedir ayuda para otras personas a través de sus propios *amigos invisibles* me doy cuenta de que sí, de que todo esto es posible. Siempre, claro está, que tengamos en cuenta la regla de oro. ¿Os acordáis? Hay que pedir cosas razonables y/o realizables. Y esperar el tiempo que *Ellos* consideren oportuno. Impaciencia, nada.

Esta nueva experiencia me sirve para apreciar lo diferentes que pueden llegar a ser los *amigos invisibles* unos de otros. Me refiero, principalmente, a su aspecto físico pero también a su forma de comportarse al dejarse visualizar. Nada que ver. Unos parecen andróginos; otros claramente femeninos o masculinos; con sentido del humor, sin él; rodeados de luz, sin ella...

Para terminar, solo daros, si me lo permitís, un pequeñísimo consejo. El contactar con el *amigo invisible* de otra persona, sin que esa persona nos lo haya pedido, considero que SOLO se debe hacer en situaciones verdaderamente extremas; en momentos auténticamente difíciles y casi fuera de control; cuando se requiera una ayuda de manera urgente y justificada. Recordad: esto no se debería tomar como si fuera un juego. Nada más lejos de la realidad.

HAY QUE CONTARLO

Llevo ya mucho tiempo experimentando vivencias y situaciones únicas a lo largo de todo mi proceso. Aunque ha costado, ya me he acostumbrado a pedir y recibir ayuda, a aceptar *Su* presencia como lo más natural del mundo y, lo más importante, a no sentirme mal por todo ello. Ni a pensar que estoy loca de remate. Al contrario. Me siento bien, muy bien. Muy en paz conmigo misma. Y la gente a mi alrededor lo nota, lo percibe. Mi estado de ánimo, mi humor, mi comunicación con ellos, mi sonrisa, mis ganas de vivir… Pero sigo sin atreverme a comentarles nada. Ellos, mi gente, sí que pensarían que me he vuelto loca. No quiero ni imaginarme sus reacciones; por lo tanto, continúo viviendo mi proceso en soledad.

Me siento como sumergida en una etapa fantástica en la que todas las luces brillan y todos los recursos surgen. Y pido para que esta etapa sea duradera, y no se aleje de mí. No sé si la felicidad realmente existe pero yo me encuentro en ese punto en el que afirmaría que sí, que la felicidad se puede tocar con la yema de los dedos.

Soy consciente de que todo esto se lo debo, principalmente, a mi *amigo invisible* y, de rebote, a mis *vecinos de arriba*. El proceso, en su conjunto, hasta ahora, ha sido largo y complicado pero ha valido la pena. Por supuesto que sí.

De repente, con esa hiperactividad que me caracteriza y que no se ha frenado ni un ápice en los últimos tiempos, se me enciende una bombilla. No de esas que comparto con mi *amigo invisible*. No. Una bombilla muy terrenal que no tiene nada que ver con *Ellos*.

Vamos a ver, me digo, si yo he sido capaz de vivir todo este largo proceso, con sus idas y venidas, sus pros y sus contras, hasta conseguir el estado de paz en el que me encuentro, ¿por qué no intento ayudar a que otras personas que verdaderamente lo necesitan tanto o más que yo lo consigan?

Y, en ese estado de euforia desenfrenada, lo que menos se me ocurre pensar es que *Ellos* ya se ponen en contacto por sus propios medios con las personas a las que saben que deben llegar. ¿Acaso voy a convertirme yo en la «salvadora» del mundo? Inconscientemente parece que ese es mi objetivo.

Ya lo tengo. Voy a escribir un libro. Un libro que refleje todas y cada una de mis experiencias con *Ellos*. Otras personas lo han hecho ya ¿no? ¿Por qué no voy a hacerlo yo? Hay que ponerse a ello de inmediato.

Hay que ponerse a ello de inmediato sin ni siquiera haber tenido el detalle de consultarlo con mi *amigo invisible* y sin tener su aprobación o comentarios al respecto. ¿Se puede ser más prepotente? ¿Dónde se ha quedado mi humildad si es que alguna vez la tuve?

Pero, ni por un segundo se me ocurre consultarlo con *Él*. Ni se me pasa por la cabeza. Yo a lo mío. Claro que *Él* tampoco dice nada.

Pero sí que se me pasa por la cabeza poner mi nueva tarea en marcha lo antes posible. No veo nada negativo en ello. Al contrario, cada hora que pasa lo veo más y más positivo. Voy a ayudar a un montón de gente. Mi humildad se ha ido de vacaciones, sí, pero mi ego ha regresado con más fuerza que nunca.

A Agustín le he conocido en las tertulias perrunas del barrio. Su mascota y la mía sintieron un flechazo a primera vista. Y gracias a los largos y relajados paseos que damos los cuatro habitualmente, hemos aprendido a conocernos y a compartir un montón de cosas, sobre todo, juegos, ellos, las mascotas. Y confidencias, nosotros, Agustín y yo.

En muy poco tiempo, y a pesar de la diferencia de edad, Agustín se ha convertido en uno de mis mejores amigos, en una especie de columna salomónica que soporta todo. Es tan fácil hablar con él. Sabe escuchar tan bien…

Él es una de las primeras personas a las que me atrevo a confesar acerca del proceso por el que estoy pasando así como de algunas de mis actividades angélicas. No se muestra para nada sorprendido. Más bien curioso, diría yo. Y cada día que pasa, quiere saber más, y hace lo posible y lo imposible por integrarse en este «mundo de locos» del que yo le hablo con tanto entusiasmo.

Agustín es periodista. Y en sus ratos libres, escribe. Relatos. Relatos muy bien escritos desde mi humilde punto de vista. Y aparece una nueva bombilla terrenal.

¿Quién mejor que él para llevar a cabo esa locura en forma de libro que se me ha ocurrido como por arte de magia?

Entusiasmado. Ese es el adjetivo que mejor definiría su estado cuando le hago partícipe de mis planes. Aplaudimos. Ya somos dos locos de la vida dispuestos a salvar al mundo.

Y yo sigo a lo mío. Sin consultar si debo ir adelante con el libro o no. ¿Para qué? Ya he dicho antes que mi ego había regresado con fuerza. Y tampoco es que *Ellos* me digan algo a favor o en contra. Así que interpreto que no les importa que vaya adelante.

Agustín y yo establecemos un plan de trabajo con el firme propósito de no salirnos para nada de él. Cada uno tiene sus propias tareas y responsabilidades en este proyecto en común. Una de las mías, ponerle al día de todas y cada una de mis experiencias con todo lujo de detalles, sin omitir ni una coma. La de él, plasmar todo lo que yo le cuente en papel de la forma más atractiva posible.

Una vez acabado el libro, ya moveremos todos nuestros contactos, que son muchos —eso creemos nosotros— para que vea la luz. Y será un éxito. «El cuento de La Lechera», vamos.

Tan feliz me siento que ya he olvidado todos mis temores acerca de lo que pensarán los demás cuando se enteren de mi trayectoria angélica. Los psiquiatras y los hospitales de salud mental han pasado a la historia. Y también olvido que el objetivo principal de escribir este libro es el de ayudar a otros... Ahora lo único que me preocupa es que «mi» libro sea el más bonito del mundo.

Resultado final de esta historia: ese libro jamás vio la luz. Ni siquiera llegó a escribirse.

¿Por qué?

Para mí, resultaba un esfuerzo titánico transmitir a Agustín todos los detalles acerca de mis experiencias. Cada vez que lo intentaba mi mente se quedaba en blanco. No encontraba la conexión entre una y otra.

Para Agustín, resultaba un esfuerzo titánico plasmar en papel la casi nula información que yo le facilitaba. Llegó un momento en que tiró la toalla.

Y lo más triste de todo. Al poco tiempo de poner fin a esta aventura, Agustín salió de mi vida de forma inesperada e incomprensible para mí. Fue doloroso. Mucho.

¿Qué sí en algún momento hablé con mi *amigo invisible* de todo esto? ¿Creéis que era necesario? Yo ya me había aprendido la lección sin necesidad de que *Él* me dijera nada. Y esa lección no iba de ego sino de humildad.

Tercera parte.

Realización

Humildad

Y llegaron las sombras a mi vida. Esas sombras que siempre están ahí, acechando, hasta hacerse con la víctima adecuada. Una víctima que, tarde o temprano, sucumbirá y se dejará llevar sin poder, ni querer, hacer nada para evitarlo.

Yo ya sabía lo que era el acecho de pequeñas sombras, «sombritas» como yo las llamaba, pero nunca imaginé que su acoso y derribo hacia mi persona fuera a suponer tanto.

Las primeras sombras hicieron acto de presencia cuando mi jefe —en edad ya de jubilación temprana y con mil y una ganas de disfrutar de su vida sin limitaciones de ningún tipo— decidió vender su empresa a otro grupo nacional y quedarse con el título honorífico de Presidente Ejecutivo, acreditación que sonaba muy bien pero que significaba que ya podía ir recogiendo todos sus bártulos porque allí había dejado de pintar algo.

¿Qué pasó con su equipo de confianza dentro del cual yo ocupaba un lugar destacado?

Elemental. Todos a la calle. De muy buenas maneras pero de patitas a la calle.

En un primer momento me tomé mi despido como una liberación. Una gran liberación. Los últimos meses habían sido tan duros y estresantes, emocional y físicamente, que no veía más allá de mis narices y consideraba esa opción como la única posible. Y la más acertada.

Decidí tomarme un tiempo sabático para poner en orden mi cuerpo y mi mente. Tiempo sabático que no llegó a superar los tres meses. Llevaba trabajando sin parar desde los 17 años y tenía 53. Sentía la necesidad de volver a una rutina diaria por lo que di por finalizado el corto período de no hacer nada y comencé a hacer uso de mis contactos, que eran muchos —o eso creía yo— convencida de que en un brevísimo espacio de tiempo estaría de nuevo involucrada en una nueva actividad profesional que añadir a mi currículum.

Pero que ingenuos somos a veces los seres humanos.

Mis contactos se fueron agotando a medida que recibía respuestas como «no puedo contratarte porque estoy despidiendo a gente más joven que tú y mis socios nunca lo aprobarían»; «eres muy buena en tu trabajo pero ahora mismo en mi empresa no hay ningún puesto que se adapte a tus características»; «estoy en plena reestructuración de plantilla por motivos de tipo económico». Y suma y sigue.

Hasta que taché el último contacto de mi lista y me di cuenta de que todas las puertas se habían ido cerrando, una detrás de otra. Y el tiempo pasaba y apremiaba.

Quizás os preguntéis por qué en esos difíciles momentos no se encendían las bombillas. Os acordáis de ellas ¿verdad? Se encendían. Claro que se encendían. Pero mi *amigo invisible* no respondía a mis llamadas de auxilio. Había desaparecido como por arte de magia. Como si se hubiera tomado unas vacaciones en el otro extremo del mundo. Su falta de respuesta me desconcertaba.

En vista de mis intentos fallidos para encontrar ocupación dentro del sector en el que me había movido durante años, opté por dar un giro radical a mi actividad profesional. Que no se diga que no lo intento todo o que me faltan recursos.

Desde hacía tiempo era usuaria de determinadas terapias alternativas. Terapias que a mí me funcionaban bien y en las que confiaba, a pesar de todo lo que se dice de ellas. Y ahí vislumbré una pequeña luz al final del túnel.

Ni corta ni perezosa, con mi traje de guerrera puesto, durante un par de cursos académicos, me metí de lleno en las enseñanzas y aprendizaje de algunas de esas terapias, con el firme propósito de dedicarme a esta nueva actividad. Ahora iba a convertirme un terapeuta. ¡A mis 55 años! Aún hoy me llevo las manos a la cabeza cuando lo pienso.

Pero no contemplaba la marcha atrás. Una vez obtuve los títulos acreditativos y un despacho acogedor donde ubicarme, comencé con todas las campañas de promoción habidas y por haber. Tenía que conseguir clientes, o mejor dicho, pacientes. ¡Qué extraña me sonaba esa palabra!

Trabajaba todas las horas del mundo y, poco a poco y con mucha constancia, fui haciéndome con una lista de asiduos que me alegraban los días. Y supongo que yo a ellos dado que regresaban.

Pero las ganancias obtenidas eran ínfimas. Los gastos, incontables, y aquello no pintaba del todo bien. El balance no era muy halagüeño. Y las bombillas seguían sin respuesta.

Además de la consulta, que estaba abierta a cualquier hora del día, todos los días de la semana, conseguí que me contrataran como profesora en un par de centros. No es que aquello representara unos ingresos considerables pero toda ayuda era bien recibida.

Y así aguanté el tirón durante tres años. Tres largos años en los que hubo satisfacciones, claro que sí, pero puestas en la balanza pesaban mucho más las insatisfacciones. Y sin dejar de preguntarme dónde estaría mi *amigo invisible*.

Con mi amor propio tocado y herido, eché el cierre a mi etapa como terapeuta. Continué con las clases, eso sí, porque esa actividad sí que me proporcionaba un buenísimo sabor de boca. Y me alegraba las tardes.

Una vez clausurado el «chiringuito», con todo el dolor de mi alma, no podía permitirme el lujo de dormirme en los laureles. Necesitaba, con extrema urgencia, un trabajo que generara ingresos y me proporcionara un mínimo de seguridad.

Y ese trabajo, por llamarlo de alguna manera, llegó. Gracias a mis amplios conocimientos de la lengua inglesa, conseguí integrarme dentro de un equipo que atendía las solicitudes y requerimientos de los clientes «guiris» en una empresa dedicada a los seguros médicos.

De los cinco años y medio que pasé recluida en esa «checa» no voy a comentar nada. Bueno, sí. Para que os hagáis una idea. Era una empresa que presumía de estar en el lugar más alto del ranking en cuanto a cuidado de sus empleados. Os voy a poner algunos ejemplos que viví en propia carne y vosotros juzgáis.

Cada vez que íbamos al cuarto de baño a hacer nuestras necesidades, ese tiempo quedaba reflejado en la pantalla del ordenador de nuestra coordinadora. Y si nos pasábamos del tiempo establecido, bronca al canto. Lo de las diarreas y las cistitis allí no estaba bien visto. Se controlaba hasta el número de veces que íbamos al aseo durante nuestra jornada laboral.

48 horas antes de morir mi padre, hubo que ingresarle de urgencia en un hospital con diagnóstico «en fase terminal». Cuando me presenté a llevar el documento de ingreso para cogerme los tres días que por ley me correspondían y poder estar con él en sus últimos momentos, mi jefa me dijo aquello de «pues vaya faena, me viene fatal que faltes tres días porque hay cantidad de trabajo». Y lo decía convencida. Y yo pensé: «¿le tendré que pedir permiso a mi jefa para que mi padre se muera cuando a ella le venga bien?».

72 horas después de que mi padre hubiera decidido irse definitivamente, en mi primer día de vuelta a la «checa», mi jefa aprovechó para decirme, nada más llegar, y delante de todas

mis compañeras: «oye, pon una sonrisa porque aquí no tenemos la culpa de que tu padre se haya muerto, y mucho menos los clientes».

Afortunadamente, y como decía antes, solo tuve que pasar allí cinco años y medio.

Y luego la gente se echaba las manos a la cabeza cuando me jubilé dos años antes de la edad establecida.

¿Sabéis lo que todo esto supuso para mí? Una grandísima cura de humildad. Una cura de humildad que necesitaba para seguir adelante. Aunque aún era demasiado pronto para darme cuenta de ello.

Y, sí. Mi *amigo invisible* estuvo, eso, invisible, durante todo el proceso.

En esta etapa y antes de llegar a mi jubilación voluntaria, mis recursos económicos eran más bien limitados.

Una parte considerable de la indemnización recibida de aquella maravillosa empresa en la que me dieron la patada en el trasero, se fue en el ambicioso proyecto de convertirme en empresaria autónoma.

Con mis dos trabajos posteriores, en la «checa» y las clases en los centros, que entre las dos me ocupaban un promedio de diez horas diarias, ni siquiera alcanzaba la cifra que hoy en día está establecida como SMI.

En fin, que todos los meses tenía que hacer juegos malabares para ir sobreviviendo, sí, sobreviviendo, y gracias a los ahorros que aún quedaban y que cada vez eran más escasos, que si no....

Mi situación económica a futuro me asustaba mucho. Demasiado. Y eso comenzó a reflejarse en mi estado de ánimo. De manera alarmante.

Había tenido que dejar de lado mis viajes por el mundo (ahora solo me podía permitir cinco días en la playa cada dos años o la gran generosidad de mi hermana al brindarme hospitalidad unos días en su casa del pueblo o en alguno de sus viajes familiares); también las obras de teatro, conciertos y representaciones únicas (ahora solo iba al cine los sábados por la tarde con mi muy mejor amiga Mary, paño de lágrimas desde hace generaciones); mis modelitos del barrio de Salamanca y de las exclusivas tiendas de Malasaña y Chueca desaparecieron de mi armario (ahora me vestía en las tiendas de los chinos del barrio, dando gracias de que existían); si había gastos imprevistos como, por ejemplo, unos cristales para las gafas con nueva graduación, eso significaba renunciar a los cinco días de playa, al cine de los sábados y al vestuario chino. Y a más.

Y, capítulo aparte, mi coche. También hube de renunciar a él. La versión oficial que di a todo el que quería escucharme es que el pobre estaba ya muy mayor, que necesitaba varias actualizaciones, y que no valía la pena arreglarle. La verdad, pura y dura, es que no podía permitírmelo. La cifra en gasolina, talleres, impuestos y seguros, para mí, en esa etapa, era desorbitada e inalcanzable. Y claro que no me lo podía permitir. Renunciar a mi coche fue uno de los golpes más duros. Y me costó muchas lágrimas. A mí, que me habían educado en el no llorar nunca por nada.

Después de todo este rollo, pensareis, y con razón, que por qué me sentía mal si tenía más que cubiertas todas mis necesidades básicas. Y algunas más de propina.

Pues bien. Creo que solo las personas que hayan pasado por situaciones similares serán capaces de entender cómo me sentía. Es duro, muy duro, tener que renunciar a un montón de cosas que, hasta ese momento, tú has considerado como normales. Y acostumbrarse a vivir sin ellas. Y saber que, muy probablemente, nunca van a volver.

¿Sabéis lo que todo esto supuso para mí? Una grandísima cura de humildad. Una cura de humildad que necesitaba para seguir adelante. Aunque aún era demasiado pronto para darme cuenta de ello.

Y, sí. Mi *amigo invisible* estuvo, eso, invisible durante todo el proceso.

Siempre había presumido de tener unos amigos fantásticos, de esos que SIEMPRE estaban ahí, en las duras y en las maduras.

Y cuando las sombras comenzaron a adueñarse de mi vida, ahí estuvieron, ellos, mis amigos, manteniéndose al pie del cañón y prestándome sus hombros. Como tenía que ser. «Los amigos no solo estamos para tomar copas y hacer risas». Cuántas veces habremos escuchado y dicho esta frase.

Pero a medida que el tiempo pasaba y mi situación personal se iba haciendo cada vez más caótica, algunos de esos amigos «de toda la vida» se fueron esfumando. Unos, poco a poco, día a día, acontecimiento a acontecimiento. Otros, con toda la brusquedad y crueldad del mundo. De un día para otro.

Costaba esfuerzo infinito no sentirse invadida por el dolor, ese dolor fuerte que se instala en lo más profundo del alma y para el que ni siquiera sirve el consuelo de las lágrimas.

A aquellos que se decían amigos y que decidieron tomar otro rumbo, les dejé ir. Sin más. Sobraban las explicaciones y las argumentaciones. Tuve que aprender a vivir sin ellos.

Y ese aprendizaje no resultó ser tan gravoso gracias a los que se quedaron. Los pocos —poquísimos— que continuaron a mi lado con todas las consecuencias. Y que soy tan inmensamente afortunada que, a día de hoy, siguen estando ahí. Gracias a esos pocos —pero valiosos— fui capaz de seguir aguantando el chaparrón.

Pero seamos positivos. En los tiempos del «proyecto empresarial» y en los de la «checa» aparecieron personas —debería escribir esta palabra con mayúsculas— con las que establecí un vínculo tan fuerte y tan estrecho que ahí están, después de tanto tiempo, apoyando, compartiendo y sin juzgar. Amigos.

¿Sería posible que desde el otro lado del mundo mi *amigo invisible*, por fin, hubiera percibido la presencia de alguna bombilla?

Actualmente, tengo muchos menos amigos pero afirmo, con rotundidad, que ellos sí son mis amigos. Y eso es lo verdaderamente importante. Lo que queda después de la tormenta.

¿Sabéis lo que todo esto supuso para mí? Una grandísima cura de humildad. Una cura de humildad que necesitaba para seguir adelante. Aunque aún era demasiado pronto para darme cuenta de ello.

Y entre medias de todo este caos, mi mascota decide irse. Su tiempo en este plano termina y hay que aceptarlo. Pero… ¡qué duro!

Y la dueña de mi casa también decide irse y sus hijos no renovarme el contrato de alquiler. Hay que ponerse a buscar otro piso con la máxima urgencia.

Y mi madre comienza a tener problemas de salud derivados, principalmente, de su edad, problemas a los que, en otro momento, no les hubiera prestado demasiada atención pero que, ahora, según me encuentro yo, me producen un dolor emocional imposible de controlar y aceptar.

Y mi *amigo invisible* continúa perdido no se sabe bien dónde. Por mucho que se enciendan las bombillas no llega ninguna respuesta. He perdido toda esperanza de volver a verle.

Al final, tiro la toalla y por segunda vez en mi vida acudo a la consulta de un psicólogo. En esta ocasión no escucho aquello de «tienes las ideas perfectamente claras. Solo tienes que ponerlas en práctica». No. Esta vez sí que se me somete a un tratamiento psicológico que, en parte, es de ayuda.

¿Por qué he querido contaros todas estas experiencias personales tan en detalle y que, aparentemente, nada tienen que ver con *Ellos*?

Principalmente, para haceros ver que, en determinados momentos, nuestros *amigos invisibles* se toman vacaciones. No por voluntad ni decisión propias sino porque durante ese período vacacional, nosotros, los humanos, nos vemos obligados a aprender lecciones que de otra manera no sería posible. Lecciones necesarias que transforman nuestros principios y que nos permiten seguir adelante mirando a la vida de la forma correcta y que nos corresponde. Lecciones que nos hacen volver a estar preparados para asumir todos los retos habidos y por haber y que todavía están por llegar. Lecciones que, en todo momento, nos hacen valorar TODO en su justa medida.

Así que, si en algún momento, vuestro *amigo invisible* se va de vacaciones, no os preocupéis. Volverá. De las vacaciones siempre se vuelve. Solo que lo hará cuando vuestra lección esté ya aprendida.

Vuelta a casa

Nos volvemos al túnel del tiempo y hacemos un trayecto que nos lleva, esta vez, hacia adelante. Un trayecto que ya tocaba. Hemos dejado atrás, definitivamente, a las sombras. Esas sombras que, en muchos momentos, ya habíamos llegado a considerar amigas, aunque nada más lejos de su propósito cuando llegaron a nosotros.

Todas las pruebas a las que hemos sido sometidos han sido superadas y aprobadas, unas más que otras, pero las lecciones sí que han sido aprendidas. Ese era, sin duda, el objetivo final. Hemos conocido de primera mano lo que es la humildad y nos hemos hecho amigas. Y hasta hemos llegado a entender el comportamiento de nuestro *amigo invisible.*

Ahora ya me siento más que preparada para abrirle la puerta a una nueva etapa en la que, espero, la armonía dirija todos mis pasos. Lo intentaré con todas mis fuerzas y ganas. Por mí que no quede.

Mi *amigo invisible*, finalmente, decidió regresar de sus largas vacaciones. Desde su vuelta a casa se le visualiza feliz, relajado y manteniendo esa sonrisa dulce y serena que me hipnotiza. Le doy las gracias por no haberme abandonado a mi suerte.

En esta nueva etapa, mi vida ha dado un giro radical a mejor, a mucho mejor, en todos los aspectos. Casi me asusta pensarlo. Después de muchas consultas, idas y venidas y papeleos, he conseguido que la Administración acepte mi jubilación voluntaria un par de años antes de la edad establecida. ¡Me he librado de la «checa» para el resto de mis días!

Vivo en una casa infinitamente mejor que la anterior, aquella en la que los hijos de la propietaria no me renovaron el contrato. ¡Me encanta mi casa!

Tengo una nueva mascota que, día a día, ha ido ganándose mi corazón. Y mi casa. Se puede decir que es ella la que me hace el favor de dejarme vivir ahí. ¡La adoro!

Y lo principal y más importante: el tiempo libre. ¡Tengo tiempo libre para dar y tomar!

Y la cantidad de cosas que se pueden hacer cuando uno dispone de tiempo libre. A saber:

— Ver, estar y compartir con la familia y con los amigos sin prisas (eso es salud, porque das y recibes todo el cariño del mundo).

— Hacer algún tipo de voluntariado (eso es felicidad, porque compruebas que puedes ofrecer y dar ayuda a otros de muchas maneras y conseguir una sonrisa de esos otros vale un potosí).

— Participar en cursos y actividades que siempre te han atraído pero para las que nunca había un momento (eso es sentirte orgulloso de ti mismo y socializar, abrirte a conocer y hacer nuevos amigos con los que compartir mucho).

— Dar la vuelta al parque caminando por la mañana tomándote todo el tiempo del mundo para observar con detenimiento los árboles, el estanque con los patos, los más mayores que tú sentados en los bancos charlando unos con otros, y los perros jugando (eso es, simplemente, vida).

Y muchas más cosas. Pero no quiero enrollarme para no dar envidia. En todas estas cosas andaba yo metida. Y feliz, como podéis imaginar.

Pero hay que volver a nuestro *amigo invisible*, que le tenemos un poco olvidado.

En esta mi etapa de calma y felicidad absoluta y después de su regreso, nuestra comunicación vuelve a ser muy satisfactoria para los dos. Las bombillas se encienden cuando tienen que encenderse y las respuestas en forma de ayuda llegan cuando tienen que llegar. Como tiene que ser.

Y un día, mi *amigo invisible* me sorprende al presentarse acompañado de otro *Ser*, similar a *Él* en su aspecto pero con un gesto y una actitud mucho más desafiante. En *Él* no hay sonrisa, ni dulzura en su mirada, ni ese haz de luz envolvente sobredimensionado. Parece más un guerrero, un «jefe». A pesar de las diferencias entre ambos, se percibe que su relación es perfecta y complementaria. Sin apenas comunicarse se intuye una comunicación constante entre los dos.

Superada esa primera y grandísima dosis de sorpresa —cosa que lleva días— me pregunto, primero a mí misma, y luego a mi *amigo invisible* acerca de este nuevo *Ser* que ha aparecido en mi vida. «¿Quién es?». «¿Por qué está contigo?». «¿Para qué ha venido?». Cero respuestas a todas mis preguntas, por mucho que insista, que mira que lo hago.

Así que, ante su negativa a dar respuestas, mi mente se pone a trabajar a marchas forzadas mientras, al mismo tiempo, consulto con mis libros angélicos tratando de encontrar explicación a esta situación, sin éxito. Pregunto de todas las maneras que se me ocurren. Pero el resultado siempre es el mismo. No hay respuesta. Esta situación me intranquiliza. No me gusta su silencio.

Y Antoñita la Fantástica regresa y comienza a imaginar e inventar motivos de la llegada de este nuevo *Ser* con el fin de autoconvencerse de algo. Porque en todo este tiempo el tándem de *amigos invisibles* continua ahí. Los dos juntos. Siempre. Y me produce un estado de ansiedad que no me gusta nada. Ahora que todo marchaba a las mil maravillas.

¿Por qué no se me ocurre pensar que quizá no estoy preparada para escuchar su respuesta?

Dejémoslo.

Tan alterada estoy que empiezo a sacar las cosas de quicio. A niveles insospechados. Lo reconozco. Fijaos hasta qué punto llega mi desesperación que después de que hayan pasado unas cuantas semanas desde la aparición del «jefe» como he empezado a llamarle, me dejo autoconvencer de que este nuevo *amigo invisible* se ha trasladado a este plano, y no se irá de aquí, hasta conseguir que yo me sienta preparada para acompañarle a *Él* a su plano. Que ya ha llegado mi momento de abandonar este sitio maravilloso donde los haya para emprender nuevas tareas no se sabe dónde. *Ellos* ni confirman ni desmienten. ¡Pero es que yo no quiero irme todavía! Me horroriza la idea.

Que sí. Que lo reconozco. Que me estoy volviendo loca. Y sigo diciendo lo mismo de siempre. «¿A quién le cuentas todas estas cosas?». Son semanas de verdadera angustia para mí.

Tan metida en mi papel de abandono de este plano estoy, y ante la dificultad de comunicación con *Ellos* a ese nivel, que termino por aceptar los hechos y me pongo a buscar libros y documentación que me orienten y ayuden en el tema de la marcha de este plano y del tránsito, sobre todo del tránsito, para hacerme una idea de lo que me espera. Y, mientras tanto, continúo pensando que estoy loca de remate. *Ellos* callados, dejándome hacer.

Y sí que encuentro libros y documentación, interesantes a primera vista. Leo. Asimilo. Me dejo llevar.

Pero lo que no termino de asimilar es por qué si el propósito de la llegada de este nuevo *amigo invisible* es llevarme con *Él*, se demora tanto en hacerlo. Por qué no nos hemos ido ya. Cada día que pasa entiendo menos de todo.

Tuvo que pasar un tiempo y una buena dosis de paciencia para entenderlo. Además de la humildad ahora tocaba ejercitar la paciencia.

REVELACIÓN

Buscaba libros, en librerías especializadas, sobre el tránsito y el abandono de este plano hacia otros horizontes desconocidos. Aquello del túnel de luz; de traspasar el arco iris; del reencuentro con tus seres queridos.

Y, en todas esas librerías, mientras buscaba y hojeaba libros sobre el tránsito, mi mirada se dirigía hacia otras publicaciones muy próximas, cuyo título era *Registros Akáshicos*.

Hacía más de veinte años que, de manera accidental, me habían hecho una lectura de registros akáshicos sin saber muy bien lo que era aquello. Lectura que me resultó muy interesante y útil en su momento ya que, a través de ella, pude encontrar explicación a algunos de mis miedos presentes y tener información, mucha, sobre mis vidas pasadas. Todo un lujo. Pero ese episodio ya había sido borrado en el disco duro de mi cerebro.

Sin embargo, ahora, al ver las publicaciones que trataban de registros akáshicos me sentía atraída, de manera inexplicable, y con ganas de leer algunas de ellas. Así que, como muchas otras veces, sin razón aparente, además de llevarme los libros que iba buscando, añadí a la cesta de la compra los que más me «llamaban» sobre registros akáshicos.

Igual que tiempo atrás me ocurrió con los libros angélicos, con los de registros akáshicos, algunos me ayudaron con su contenido y otros me produjeron desde risa hasta pena.

Mientras descubría, fascinada, más y más cosas sobre los registros akáshicos a través de los libros y de los videos que iba encontrando, también fueron llegando otras «señales». Señales relacionadas.

Sesión rutinaria con el fisioterapeuta. Me comenta que acaba de hacer un curso muy interesante sobre registros akáshicos y me lo recomienda; una de mis vecinas me dice que acaba de hacerse una lectura de registros akáshicos que la ha dejado «flipando» y me lo recomienda; en la publicidad que recibo habitualmente de un centro en el que me especialicé en alguna de mis terapias, lo primero que veo es una conferencia sobre registros akáshicos. Me da que pensar.

Y me pregunto. «¿Qué está pasando con los registros akáshicos?». «¿Por qué están entrando en mi vida ahora?». Hace mucho tiempo que dejé de creer en las casualidades.

Y continúo leyendo, informándome y documentándome todo lo que puedo sobre este tema que, a medida que profundizo, me resulta más y más interesante. Cada día que pasa quiero saber más. Y voy dejando de lado al tránsito y al abandono de este plano. De manera inconsciente.

Hace tiempo que no sé nada de Laura. Hoy he recibido una llamada suya y hemos quedado en vernos en unos días. A Laura tuve la inmensa suerte de encontrarla en uno de esos centros donde yo enseñaba, a todo el que quisiera apuntarse, una de las terapias alternativas que me salvaron la vida durante la cura de humildad.

Aunque nos vemos poco, entre Laura y yo existe una comunicación especial. Siempre lo he percibido así. Y, claro, cuando estamos juntas y empieza a explicarme, eufórica, que hace unas semanas le han hecho una lectura de registros akáshicos que le ha cambiado la vida, tengo que hacer esfuerzos sobrehumanos para que no se aprecie el estupor que debe reflejarse en mi rostro.

«Hasta aquí hemos llegado con el tema de registros akáshicos». Me planto.

Ya, ni quiero ni necesito más pistas. Está claro que si han llegado a mi vida justo ahora es porque debe de haber un motivo importante para ello. ¿O estoy sacando las cosas de quicio tal como acostumbro?

Sin darle más vueltas al tema y dejándome llevar por un impulso espontáneo, decido prestarme a que me hagan una lectura de registros akáshicos. Ya está bien de «señales». Y para ello elijo a la misma persona que se los ha leído a Laura. Me inspira confianza.

Al tomar esa decisión a la ligera ignoraba de qué manera esa lectura iba a cambiar mi vida.

¿Qué puedo decir de la lectura en sí? No hay palabras. No encuentro las palabras adecuadas para expresar todo lo sentido. Una de las experiencias más fuertes a lo largo de toda mi vida. Incluso la aparición, en su día, de mi *amigo invisible* se queda corta. Tan fuerte es y tanto desconcierto me produce que, a los seis meses de esa primera lectura, acudo de nuevo a «hablar con *Ellos*», con los *Maestros Superiores,* ya que continuaba sin creerme, y sin digerir, todo lo que me habían transmitido en nuestro primer contacto. Seis meses «rumiando» sus comentarios. Y habían pasado volando.

Y, como era de esperar, aunque yo no lo esperara, volvieron a transmitirme las mismas pautas. No había cambios. Con una rotundidad feroz. Y me pusieron deberes. Como en el colegio. Deberes para ir haciendo más pronto que tarde. Pero para llevar a cabo esos deberes, bien hechos, tenía que afrontar, del todo, lo que estaba ocurriendo en mi vida, a nivel muy interno, y prepararme de manera exhaustiva para ir adelante con su petición.

Y en ello estoy.

Cosas que llegaron a mi vida después de estas dos lecturas de registros akáshicos: paz, armonía, entusiasmo y planes de futuro.

Cosas que se fueron de mi vida después de estas dos lecturas de registros akáshicos: miedo, inseguridad, oscuridad.

Y también desapareció el acompañante de mi *amigo invisible*. ¿Pensabais que me había olvidado de *Él*? Para nada. Se fue, tal cual llegó, porque su misión había finalizado con éxito. Su presencia ya no era necesaria. *Él* solo había sido un mero intermediario encargado de abrirme la puerta de acceso a los *Maestros Superiores*. Ninguna tontería.

Pero mi querido e inseparable *amigo invisible* sí que se quedó. Conmigo siempre. Menos cuando se va de vacaciones.

RETOS

Y me pusieron deberes...

Deberes que implican grandes retos. O al menos eso es lo que yo percibo.

Deberes que ha llevado meses y dos lecturas de registros akáshicos asimilar y aceptar. Hay que hacerlos. ¡Y sacar nota!

Deberes de los que, de nuevo, no te atreves a comentar con nadie porque no entenderían los motivos que te llevan a meterte en ese lío. Esas miradas de perplejidad y recelo que no quieres ver.

Pero, a pesar de la dificultad que estos deberes te parece que entrañan, a ti te apetece, y mucho, ir adelante y hacerlos. ¡Será por retos!

Así que, una vez más, a trabajar. Sin demoras. Pero, en esta ocasión, *Ellos* deberán jugar un papel muy importante para que tú consigas sacar buena nota. Su ayuda y colaboración serán imprescindibles para que todo el proyecto llegue a buen puerto.

Ah, sí, claro. ¿Qué cuáles son esos deberes impuestos?

Ni más ni menos que transmitir, haciendo llegar a todas las personas que quieran participar, tus conocimientos y experiencias con *Ellos*, tus *vecinos de arriba*. Menuda tarea ¿verdad? Dicho así parece muy fácil pero ¿por dónde empezamos?

Lo primero de todo, organizarse. Organizarse bien.

Lo segundo, buscar una «compañera de fatigas» con la que sí puedas compartir toda esta aventura sin que se asuste y te mire con los ojos como platos y que, a su vez, te ayude, sobre todo, con sus comentarios, sean del tipo que sean. *Ellos* ya se han encargado de poner en mi camino a esa compañera. A Laura, recordáis, la amiga que me puso en contacto con mi «lectora» y posteriormente «maestra» de registros akáshicos. Sin su grandísima ayuda no sé qué hubiera sido de mí. Es más que probable que esta vez sí que hubiera terminado en un hospital psiquiátrico.

Ya tengo la compañera. Ahora toca poner orden y establecer prioridades en las tareas a realizar, que no son pocas.. Pero ¿para qué sirven tantos años dedicados al marketing empresarial? Pues para eso. Para confeccionar un plan de trabajo coherente, eficaz y asumible. Como si se tratara del lanzamiento de un nuevo producto al mercado. *Ellos* sonríen al escuchar mi planteamiento.

Metida de lleno ya en los deberes impuestos y con el plan de trabajo en la mano, solo se me ocurren dos formas posibles para cumplir con el reto. Una es a través de la palabra y la otra a través de la escritura. O lo que es lo mismo. Le cuento a la gente que me quiera escuchar mis «historias» mediante charlas o me pongo a escribir un libro.

La primera opción me parece más factible y rápida. No sé por qué se me ha metido en la cabeza que, una vez tomada la decisión, hay que hacer todo deprisa y corriendo. Debería controlar mi impaciencia. ¡Qué cantidad de cosas de mi carácter se están modificando desde que *Ellos* aparecieron en mi vida!

Hago paréntesis para resaltar que, en todo momento, mis actos y decisiones cuentan con el beneplácito de *Ellos*, que ofrecen su ayuda y su apoyo de manera incondicional. Que todo esto es un trabajo en equipo. Que *Ellos* lo han querido así.

Junto con Laura que, además de escuchar, ofrece sus hombros en los momentos más críticos, sí. Decido empezar con las charlas. Lo primero que necesito para preparar a conciencia esas charlas es toda la información que he ido recopilando a lo largo de mis años de aprendizaje angélico. No solo los libros. También información recogida teniendo en cuenta mis propias experiencias en una serie de cuadernos que durante la etapa en la que estaba convencida de que iba a abandonar este plano más pronto que tarde, me he encargado de poner a buen recaudo en algún lugar de mi casa que ahora no logro recordar. Lo escondí por aquello de que a mi familia le costara encontrarlo al hacer limpieza general y no pensaran que estaba loca de remate desde el primer momento de mi marcha, e incluso antes. Aunque yo creo que ya lo piensan.

¡Sin esa documentación estoy perdida!

Librerías, cajones, carpetas… busco y rebusco. Sin éxito. Estoy segura de no haberlo destruido. ¿Dónde puede estar? ¡Qué mal llevo lo de las lagunas en la memoria! Pero bueno, no hay que preocuparse en exceso; siempre nos quedarán las bombillas así que, enciendo una y pido ayuda, fervorosamente, a mi *amigo invisible*.

Esa misma noche, al igual que hace ya mucho tiempo visualicé, durmiendo, un décimo de lotería con un número que nunca tocó, ahora visualizo el lugar donde están guardados todos mis cuadernos angélicos. Tengo mis dudas. Mira que si pasa lo mismo que con el décimo. Pero las dudas se disipan a la mañana siguiente cuando, rauda y veloz como una centella, me dirijo hacia ese sitio visualizado en el sueño. Y ahí están. ¡Quién lo hubiera dicho! Si que estaban bien escondidos. Feliz; me siento muy feliz. Y les doy unas gracias especiales por su ayuda. Ahora ya sí que toca ponerse a trabajar en serio.

Y todo el proyecto «charlas» resultó ser muy fácil a partir de ahí. Preparar y ordenar la información que quería transmitir;

la documentación para entregar a los asistentes; la lista de invitados que más tarde se convertirían en esos asistentes; la sala donde reunirnos.

Todo se fue consiguiendo de manera ordenada y sin grandes dificultades. En el tiempo y en la forma establecidos. Siempre, y no me canso de repetirlo, con la ayuda impagable de *Ellos*, mis *vecinos de arriba*.

No soy la más indicada para juzgar si las charlas resultaron ser un éxito o no. Tampoco se trataba de eso. Esto no iba de egos. Ni mucho menos. Mientras hablaba y les ofrecía información acerca de mis *vecinos de arriba*, me fijaba en las expresiones de los allí presentes. Percibía un poco de todo: aceptación, sorpresa, incredulidad, curiosidad, ganas de saber más. Una mezcla explosiva.

Y las no previstas tertulias posteriores a las charlas resultaban de lo más interesante que uno se pueda imaginar. Los asistentes, sin ninguna gana de irse, compartían información y experiencias de todo tipo entre ellos. Como si se conocieran de toda la vida, en un ambiente distendido y relajado. También yo aprendí mucho de esas tertulias. En algunos casos me di cuenta de lo poco que sabía acerca de *Ellos*. Y de que había «miembros del club» cuyo nivel en conocimientos y experiencias superaba, con creces, el mío. Pero que solo hablaban de ello en momentos como aquel.

Todo perfecto hasta que, en una de esas tertulias, una gran amiga, alma caritativa donde las haya, me apartó del grupo en el que estaba y llevándome a un aparte, me dijo, a bocajarro: «tú no puedes seguir contando estas cosas. La gente piensa que estás loca».

Su comentario fue como caerse de un tren en marcha; como darse contra un muro de hormigón; como un mazazo en la cabeza con un martillo de acero. Me dejó bloqueada. Bloqueada como nunca antes me había sentido. Todas mis luces se apagaron.

El bloqueo no me abandonó en meses. Por supuesto, adiós a las charlas. Ni siquiera me apetecía —tan herida y confundida estaba— un intercambio de impresiones con mi *amigo invisible*. *Él* tampoco lo intentó. No era el momento ni de pedir ni de dar explicaciones. Los deberes quedaron aparcados sin fecha de vuelta.

Pero todos sabemos, y al que no lo sepa se lo decimos, que no hay nada, o casi nada, que dure eternamente. Y, desde luego, dentro de ese nada están los bloqueos. Así que el mío, después de un largo período de convivencia juntos, decidió probar suerte en otro sitio. Y mi gran amiga, alma caritativa donde las haya, jamás llegó a tener conocimiento de este bloqueo.

Y, una vez recuperada y con ganas suficientes, volví a ponerme las pilas en cuanto a los deberes que había dejado aparcados sin fecha de vuelta. Y opté por ir adelante con la segunda opción de mi elaborado plan de trabajo: el libro. Las charlas decidí posponerlas indefinidamente.

Con respecto del libro, esta vez no iba a permitir que ocurriera lo que tiempo atrás pasó con el proyecto emprendido con mi amigo Agustín. Esa lección estaba bien aprendida. Ahora me iba a mantener calladita y, sobre todo, sola; y en silencio iría dando paso a paso o, lo que es lo mismo, línea a línea, hasta conseguir mi objetivo. No pediría ayuda ni colaboración a nadie. Bueno, sí. A *Ellos*. De *Ellos* debía conseguir su aprobación. Lo primero de todo. Y, sin esfuerzo, la conseguí. Es lo que me llevaban pidiendo desde hacía tiempo. Y su colaboración, también. Como siempre.

Por circunstancias que no vienen a cuento, y defiendo una vez más eso de que las casualidades no existen, me ví obligada a pasar un largo y más que caluroso verano en mi casa de Madrid. Durante esas interminables horas de 45 grados a la sombra, en las que no se podía poner un pie en la calle a riesgo de sufrir un golpe de calor o una lipotimia, aprovechaba para encerrarme en mi cuarto de trabajo con el aire acondicionado a todo gas y mi mascota ronroneando plácidamente a mi lado. ¿Y qué creéis que hacía? Pues eso, escribir. Aprovechaba las condiciones climatológicas para ir confeccionando, puntada a puntada, el libro que *Ellos* me habían encargado.

Paso a paso y línea a línea iba poniendo por escrito todos mis conocimientos, mis impresiones y mis experiencias angélicas. Y a medida que lo hacía seguía pensando si no me había vuelto loca. Si hacía lo correcto. El comentario de mi gran amiga en aquella tertulia seguía pesando demasiado. Y mis dudas más.

El verano pasaba.

Y *Ellos* continuaban ayudándome gracias a la gran comunicación establecida entre nosotros. Todo fluía a plena satisfacción, suya y mía. El pequeño libro iba viendo la luz. Solo Laura sabía de ello. Con nadie más me atrevía a comentarlo. Y la ayuda de Laura continuaba siendo imprescindible.

Mi queridísima amiga Nieves se había ido no hacía mucho y antes de lo que a todos nos hubiera gustado. Pero ella era así. Ahí donde se requería su ayuda, ahí que se plantaba. Y *Ellos* la habían requerido para otras tareas —por supuesto de ayuda— por ahí arriba. Para gran desconsuelo de los que nos tuvimos que quedar por aquí abajo sin ella.

Pero, al marcharse hacia otros horizontes, además de todos los gratos e impagables momentos que pasamos juntas y que dejó grabados en mi recuerdo de por vida, también me dejó en herencia a su familia. Una familia de las que dan envidia y de las que a todos nos gustaría formar parte, aunque solo fuera a ratitos.

Y ya ha llegado el momento de decirlo. No puedo callarme por más tiempo. Hagamos que vuelva la alegría. Gracias a esa gran familia heredada de Nieves es que hoy tenéis en vuestras manos este pequeño libro y podéis disfrutar, criticar o cuestionar su contenido. Gracias a esta gran familia y a *Ellos*, por descontado. Que no se me enfaden.

¿Cómo llegamos aquí?

En alguna de nuestras meriendas compartidas les hablé acerca de mi proyecto. Les hablé de ello porque estaba segura de que nunca pensarían que me estaba volviendo loca, como pensaban otros. Me abrí a ellos sin tener en cuenta lo que pensarían de mí ni las consecuencias que este impulso provocaría. Al decirles que preparaba un libro de estas características, ellos, dedicados a eso de la comunicación —como yo en mis orígenes— no dudaron ni por un segundo en leer lo ya escrito; expresarme sus opiniones sinceras; y animarme para seguir adelante hasta terminarlo. Amén de su apoyo incondicional en otras muchas cosas.

Y yo, que como ya sabéis, a veces, me dejo llevar, solamente he cumplido con sus indicaciones. ¡Y con los deseos largamente expresados por mis *vecinos de arriba*! Un tándem perfecto.

En cuanto a mí, misión cumplida. Respiro tranquila.

Apunte final

Ahora sí que habéis llegado al final de *Ángeles, mis vecinos de arriba*. Y, a todos los lectores, me gustaría daros las gracias por haberlo conseguido; por no bajaros del tren en marcha. Confío que su lectura os haya resultado amena e interesante; al menos ese era mi objetivo.

Como colofón a este pequeño libro de aventuras, quisiera hacer énfasis, y esto sí que lo considero importante, en que el único y verdadero propósito que me ha llevado a escribir *Ángeles, mis vecinos de arriba*, narrando algunas de las situaciones vividas en primera persona, no es otro que el de poder ayudar a todas aquellas personas que estén pasando por el mismo proceso, u otro similar, y alentarles para que, por favor, sigan adelante sin tirar la toalla. Transmitirles que vale la pena vivir y disfrutar al máximo de todo esto. Y, por encima de todo, que es más que probable que no padezcan ninguna enfermedad que deba ser tratada por un psiquiatra o por un neurólogo aunque, en ocasiones, sean ellos mismos los que así lo consideren. Son inmensamente afortunados al haber sido elegidos para vivir una experiencia de este calibre e importancia para sus vidas; como en su momento lo fue para mí. Aunque todavía les lleve un tiempo descubrirlo y, sobre todo, aceptarlo.

Ya sabéis, siempre adelante.

Gracias.